소중한 당신의 삶이 한역팔목으로

행복이 가득하시기를 바라며

이 책을 선물합니다

_____ 님께

_____ 드림

6,000년에 걸쳐 완성된 뽑기의 비밀

행복예보
생활훈역

정광호 지음

세계 4대 발명품,
인류의 미래를 밝히는 한역팔목

앞날을 예견하는 피흉취길避凶取吉의 미래예지도구, 한역팔목은

정확성과 신속성, 간편성으로 발명특허를 인정받아

서비스표등록증, 실용신안등록증을 받았다.

한역팔목(일명:도경팔목, 광역팔목)의 출시와 함께

이를 모방한 유사 물품이 예상되므로

혼돈과 분쟁을 미연에 방지하고자 특허를 받아두었음을 밝혀둔다.

서비스표등록증　　　　　서비스표등록증
제41-0297048호　　　　제41-0297049호
한역삼목　　　　　　　　한역팔목

기술평가결정서　　　서비스표등록증　　　서비스표등록증
　　　　　　　　　등록 제41-0241898호　　제41-0181618호
　　　　　　　　　UCS 빛명상　　　　　도경팔목

　　　　　　　　　（일명:Viit Meditation)　（일명:광역팔목, 한역, 韓易)

실용신안등록증　　　　　서비스표등록증
제 20-0366187호　　　등록 제 0109139호
광역팔목光易八目　　　광역팔목光易八目

（일명:도경팔목道冏八目)

한역팔목은
낮게 날아 한 치 앞을 바로 보고
높게 날아 멀리 보는 최첨단 미래예지도구이다.

도경道鏡이 내게 남긴 비서를 바탕으로 우주의 빛^{viit}을 접목하여 오늘날의 한역팔목을 완성했다.

도경께서 당부하셨다.

"머지않아 하늘이 열리고 큰 '빛^{viit}'이 쏟아져 내릴 것이니, 그때가 되면 지금 사용하는 주역, 역술서, 예부터 전해 내려오는 온갖 비결서들이 현실에 들어맞지 않는 세상이 되느니라. 내가 지금껏 너에게 일러준 것들은 다가올 새 세상의 이치에 맞도록 한 것이니, 이 모든 우주 팔괘의 원리를 네가 '빛^{viit}'과 함께 행하는 일에 응용하면 좋을 것이니라. 다만 명심할 것은 그 큰 '빛^{viit}'에 비하면 이 모든 것들이 그저 먼지 한 톨보다 못한 것이니… 그러나 이 먼지조차 이해하지 못하는 어리석은 사람들이 네가 행하는 그 '빛^{viit}'을 알기나 하겠느냐? 오직 이 이치를 제대로 알고 바로 행할 때만 줄을 서 기다리고 있는 세상의 혼란과 어려움을 피하고 평화와 행복을 누리게 되느니라.

이 점을 꼭 명심해야 하느니라"

건, 천

손, 풍

태, 택

감, 수

리,
화

진, 뢰

간, 산

곤, 지

태호복희 팔괘도

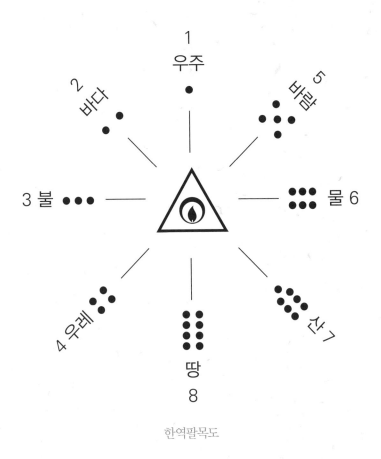

1
우주

2
바다

5
바람

3 불

물 6

4 우레

산 7

땅
8

한역팔목도

태호복희 팔괘도가
오늘날 한역팔목도로 재탄생되었다

당신과 세상의 행복을 위해

　지난 30여 년간 수만 명의 사람을 만나고 지켜보면서 한 순간의 선택과 판단이 평생의 길흉화복을 결정짓는 중요한 역할을 한다는 것을 알게 되었다. 우리는 잘못된 선택이나 만남으로 인해 평생 돌이킬 수 없는 파멸의 길로 떨어지는 사례를 주변에서 쉽게 볼 수 있다.

　마음을 보살피고 육체를 건강하게 유지하는 것도 좋지만 어려운 처지에 이르지 않도록 사전에 예방하는 것 또한 중요하다. 그래서 배

달倍達나라의 신하 동이족인 삼황오제三皇五帝 중 서토 문명의 효시인 태호복희太昊伏羲가 하늘(우주)로부터 받은 팔괘에 도경道冏께서 들려주신 이야기를 종합하여 간단하고 편리한 한역팔목韓易八目과 삼목三目을 만들게 되었고, 남녀노소 상하빈부를 막론하고 누구나가 일상생활에서 쉽게 사용하여 한 치 앞을 못 보는 궁금증과 답답함을 풀어나가는데 참고가 되고자 한역韓易을 집필하였다.

인간 복제를 꿈꿀 정도의 최첨단 과학 시대에 이러한 것들이 과연 무슨 소용이 될까하며 고개를 젓는 이들이 있을지 모르겠다. 그러나 역학은 우주만물이 형성되는 섭리와 인간이 삶을 살아가는데 있어 기본 원리를 밝힌 지혜의 학문으로, 올바르게 알고 응용하면 마치 정확한 일기예보와도 같은 역할을 한다.

이 책을 참고로 하기 전에 반드시 마음에 새겨두어야 할 점이 있으니 바로 모든 것은 결국 자신의 마음 안에 있다는 사실이다. 인간은 태어날 때 몸은 부모로부터 물려받았으나 마음(종교의 영혼, 철학의 이

성·생각)은 우주만물을 형성하는 근원 즉, 우주의 마음으로부터 받았다. 다시 말해 우리 모두는 세상에 나면서 우주의 근원으로부터 유래한 본래의 순수함을 지니고 있다. 한역은 그 순수한 마음인 본성과 연결되어 있어 여러분들의 삶을 올바르게 이끌어 갈 것이다.

올해는 '선친'과 '도경'의 탄생 103주년이 되는 해이다. 목으로 103이란 숫자는 1.3목과 3.1목으로 64목 중 최상의 목이기도 하다. 지난 어린 시절 두 분의 은공恩功을 떠올리며 이 책을 완성했다. 한역팔목을 통해 한 치 앞을 알 수 없는 불확실한 인류의 미래를 밝히고 모든 이들에게 풍요롭고 행복한 일들이 가득하기를 바라며 펜을 놓는다.

새 시대를 여는 팔공산 빛viii의 터에서

저자 씀.

1장

한역팔목의
탄생

한역팔목은 단순히 눈앞에 닥친 소소한 개인사 정도를 물어 답을 구하는 차원을 넘어 인류의 앞날과 미래가 걸린 중대하고 위급한 선택의 순간에 보다 지혜롭고 현명한 방향으로 캄캄한 앞날을 열어갈 수 있는 등불이다.

수통 속 메뚜기의 비밀

"일흔여섯."
순간 마치 무언가에 반쯤 홀리기라도 한 듯 묘한 기분이 들었다.
"허, 참 대단하십니다! 어찌 그리 정확하게 맞히십니까?"
아버지는 눈이 휘둥그레지며 입을 다물지 못하셨다.
할부지는 여전히 아무 말없이 빙그레 미소만 짓고 계셨다.

앞 못 보는 현자賢者

"이놈, 무슨 메뚜기를 그리 많이 잡았느냐?"

순간 가슴이 철렁 내려앉았다. 분명 앞을 보지 못하시는 게 틀림없는데, 속도 보이지 않는 양철 수통 속 메뚜기는 어찌 알아내셨을까?

이 이상한 노인을 처음 알게 된 것은 내가 어린 아이였을 무렵의

일이다. 집에서 계산 성당으로 가는 길에 선교사 집이 있었는데, 언젠가부터 그 집 담벼락에 수염을 길게 기른 이 할아버지가 앉아 있곤 했다. 낡은 책 한 권을 펴놓고는 하루 종일 꼼짝

도 않고 있다가 어쩌다 마음이 내키면 지나가는 사람에게 무어라 일러주기도 하고, 때로는 호통을 치기도 했던 것이다.

내 눈엔 그분이 그저 꾀죄죄하고 앞 못 보는 노인네일 뿐이었는데, 아버지 눈엔 그렇지 않은 모양이었다. 아버지는 '도경道冏'이라 부르며 극진히 대접하셨을 뿐만 아니라, 당시 운영하시던 건어물 가게에서 비싼 안주거리들을 싸 들고 가 함께 술잔을 기울이시는 것을 큰 즐거움으로 삼으셨다. 그래서일까, 다른 사람들에게는 무척이나 괴팍스럽던 그 노인도 아버지에게만큼은 유독 따뜻하셨다.

왜 그런지 이유는 알 수 없었지만 아버지는 그 노인을 찾아가실 때면 으레 나와 동행하곤 하셨다. 딱히 이유가 있는 것도 아니었다. 그저 옆에 앉아 있다가 술심부름이나 하고 두 분이 나누는 뜻 모를 이

도경을 비롯한 세 노인이 있던 담벼락

야기나 들으며 앉아 있는 것이 고작이었다. 두 분은 무슨 하실 말씀이 그리도 많으신지 소주잔을 기울이며 끝도 없는 이야기를 나누곤 하셨다.

솔직히 나는 그 노인을 만나는 일이 썩 내키지 않았다. 그분과 처음 만나던 날, 그분은 '여섯째 놈 왔구나' 하고 단박에 나를 알아보더니 나의 생년월일과 시각까지 정확히 맞히며 지나간 일과 앞으로의 일, 먼 미래의 이야기를 단숨에 이야기했다. 그러고는 자리에서 벌떡 일어나 나를 향해 큰절을 하고 아버지를 보시고는 이렇게 말씀하셨다.

"아드님이 오색빛을 휘날리며 축복 속에 달려갈 날이 올 것입니다. 그 날이 이제 얼마 남지 않았습니다."

그러고는 오죽烏竹으로 된 기다란 막대기들 중 하나를 뽑아보고 이번에는 하늘을 우러러 세 번 절을 올렸다. 참 이상한 노인이었다.

게다가 당시 내가 다니던 계산 성당의 박상태 신부님은 내가 종종 그 노인과 만난다는 사실을 아시고는 크게 걱정을 하셨다.

"그런 사람을 만나는 것은 큰 죄를 짓는 일이니 절대 가까이 하지 말아라."

천금과도 같은 신부님의 말씀에 아버지의 뜻에 못 이겨 어쩔 수 없이 그분을 만난 다음 날에는 불편한 마음을 달래고자 고백성사를 한 적도 한두 번이 아니었다.

수통 속 메뚜기

"아닌데요, 메뚜기 안 잡았는데요!"

실은 그날 학교 앞 나락밭에 누렇게 익은 벼이삭 사이로 통통하게 살이 오른 메뚜기들을 잔뜩 잡아들인 터였다. 먹을 것이 귀하던 시절, 메뚜기는 별미 반찬 중 으뜸이었고, 가을 나락밭은 애 어른 할 것 없이 메뚜기를 잡으려는 사람들로 북적거렸다.

마침 수업도 일찍 끝났겠다, 한참을 시간가는 줄 모르고 메뚜기들을 잡으러 뛰어다닌 나는 일단 잡은 놈들을 허리춤에 차고 있던 빈 수통(물통)에 집어넣기 시작했고, 얼마 지나지 않아 그 수통도 꽉 차게 되었다.

당시 메뚜기를 담았던 수통

하지만 이 앞 못 보는 노인이 속도 들여다보이지 않는 수통 속 메뚜기를 감쪽같이 알아내자 너무도 놀란 나머지 시치미를 뚝 떼어버리고 만 것이다.

"허, 이 녀석, 그럼 그 수통 안에 든 것은 메뚜기가 아니고 무엇인고?"

노인 역시 어림없다는 듯 맞받아치신다.

"너 아까 메뚜기 잡았다고 자랑하지 않았어?"

옆에서 지켜보시던 아버지가 넌지시 도경 할부지 편을 드시는 바람에 더 이상 할 말이 없어졌다.

"그래, 몇 마리나 잡았느냐?"

몇 마리? 확실치 않았다.

"글쎄요…, 저도 잘 모르겠는데요…."

분명 열서너 마리까지 세었던 기억은 나는데 그 다음부터는 가물가물했다.

"흠, 어디 보자…, 일흔여섯 마리나 들었구먼. 그래, 그 많은 메뚜기를 다 어디에 쓰려고?"

도경 할부지 입에서 일흔여섯, 하고 정확한 숫자가 나오는 것을 듣고 순간 호기심과 오기가 발동했다.

"에이, 그걸 할아버지가 어떻게 아세요?"

"어떻게 아느냐고? 허허, 그럼 확인을 해보려무나."

앞도 보지 못하는 노인이 뭐가 그렇게 자신이 있는지 자신만만한 미소까지 짓는 것이 아닌가. 얼른 수통 뚜껑을 열었다. 그러고는 메뚜기를 한 마리씩 땅바닥에 꺼내 헤아리기 시작했다.

"하나, 둘, 셋, 넷 …."

아버지도 그 결과가 궁금하다는 표정으로 말없이 지켜보고 계셨다.

"… 일흔다섯."

수통 속의 메뚜기는 분명 일흔다섯 마리였다. 도경 할부지가 말한 수에서 꼭 하나가 모자랐다.

"그래도 한 마리밖에 차이가 나지 않으니 용하긴 용하네요."

이 말을 들은 노인은 수염을 어루만지던 손을 문득 멈추더니,

"뭣이라, 한 마리밖에 차이가 나지 않는다고? 이놈아, 뚜껑 속을

보아라!"

하고 호통을 치시는 것이었다. 설마 하는 마음으로 수통 뚜껑을 뒤집어보니, 어, 이럴 수가! 작은 메뚜기 한 놈이 그 안에 콕 박혀 다리를 바둥거리고 있는 게 아닌가.

"일흔여섯."

순간 마치 무언가에 반쯤 홀리기라도 한 듯 묘한 기분이 들었다.

"허, 참 대단하십니다! 어찌 그리 정확하게 맞히십니까?"

아버지는 눈이 휘둥그레지며 입을 다물지 못하셨다. 할부지는 여전히 아무 말없이 빙그레 미소만 짓고 계셨다.

마지막 선물

그 일이 있은 이후로도 노인은 이따금씩 내 책가방 속에 들어있는 수학 시험지 점수나 봉투 속에 들어 있는 오징어 다리 개수를 알아맞히곤 하며 내 호기심을 부추겼다. 신부님의 말씀을 떠올리며 발걸음을 돌리려다가도 '이번엔 또 무슨 신기한 일이 생길까' 하는 생각에 이내 도경 할부지 앞에 가 앉곤 했다.

"어떻게 그렇게 잘 맞히세요?"

하루는 호기심을 이기지 못하고 내가 이렇게 묻자 노인이 빙긋 웃으며 대답했다.

"왜, 너도 이런 거 배우고 싶으냐?"

순간 '네' 라는 대답이 목구멍까지 차올랐지만 꾹 눌러 참았다.

"신부님이 뭐라 하실 텐데…. 신부님이 할부지 근처에는 얼씬도 하지 말라 하셨거든요."

그러자 도경이 말씀하셨다.

"애야, 이것은 죄를 짓는 것이 아니라 자연의 이치이니라. 네가 믿는 바로 그 하느님이 주시는 복이니 잘 배워두면 나중에 긴히 사용하게 될 날이 올게다."

그래도 내가 우물쭈물 대답을 망설이자 보다 못한 아버지가 끼어들었다.

"그럼 어디 나라도 한번 들어봅시다. 어떻게 하는 것인지 나한테 가르쳐주십시오."

도경 할부지는 고개를 끄덕이더니 나야 듣든 말든 이야기를 시작했다.

"허허, 그러지요. 정 주사, 해가 무엇입니까? 일日이지요. 달이 무엇입니까? 월月이지요. 이 해와 달이 곧 양과 음, 즉 역易이니 변화를 말합니다. 우주만물이 모두 여기서 비롯된 것이지요."

노인은 그때껏 내가 어디서도 들어보지 못한 이야기들을 하나, 둘 늘어놓기 시작했다. 우주만물이 형성된 원리로부터 시작해 그것들을 응용하는 방법, 무극에서 태극, 오행의 상생상극작용과 육십갑자, 팔괘와 육십사괘명, 추명학, 매화역수의 기원과 주역의 근간이 되었던 삼황오제 중 태호복희씨의 '팔괘'에 이르기까지 등등….

그중에는 조선조 한명회가 즐겨 사용했던 손금 마디로 짚어보는 12운성방법, 사주 감정하는 방법이나 별자리 보는 법과 그에 얽힌 이야기들이 있었고, 때로는 지혜로운 선인先人들의 풍속이나 그 옛날 숨겨진 비화도 있었다. 어린 나이였지만 하나같이 신기하고 재미있는 이야기였기에 겉으로만 듣지 않는 척했을 뿐 나도 모르게 그분의 말씀에 푹 빠져들고 있었다. 서양에서는 운명 풀이를 별자리에 의거하지만, 동양의 경우는 사주팔자를 역리(음양오행의 원리)로 푼다. 동서양의 최초 기(에너지)가 제각각이기 때문이다.

이후로 가끔씩 도경을 찾아가게 되면 이런 이야기를 계속해서 들을 수 있었고, 모든 것이 자연스레 머릿속에 입력이 되었다. 나중에는 오히려 내가 아버지보다 그분의 이야기를 더 잘 기억하고 가벼운 풀이까지 해낼 수 있게 되었다.

"허허, 녀석, 듣지 않는다고 고집을 피울 때는 언제고…."

이런 내 모습에 아버지가 너털웃음을 터뜨리면 도경은 꽤나 만족스러운 표정을 지어 보였다.

그러던 어느 날이었다.

"얘야, 훗날 네가 커서 살게 될 세상은 지금과는 완전히 달라질 게다. 여러 흉흉한 일도 많이 생기게 되느니라."

도경이 말씀하시는 미래는 당시로서는 상상도 할 수 없는 혼돈 그 자체였다. 지금에 와 돌아보면 그때 그분은 환경오염과 기술의 발달, 인간의 무모한 욕심과 교만으로 만들어내게 될 끔찍한 결과물 모두를 말씀하셨던 것임에 틀림없다.

"그 모든 것이 인간이 자연의 섭리를 알지 못하고 신식 과학에만 의존하다가 불러들인 재앙이니라. 얘야, 네가 커서 큰 '빛viit'과 함께 하기 시작해서 한 십 년쯤 지나거든 누구나 머무르다 갈 수 있는 큰 집을 하나 지어라. 그리하여 그 집에서 병든 몸과 내면의 세계까지 치유할 수 있게 하여라.”

이윽고 도경은 이런 말씀도 덧붙이셨다.

“머지않아 하늘이 열리고 큰 ‘빛viii’이 쏟아져 내릴 것이니, 그때가 되면 지금 사용하는 주역, 역술서, 예부터 전해 내려오는 온갖 비결서들이 현실에 들어맞지 않는 세상이 되느니라. 내가 지금껏 너에게 일러준 것들은 다가올 새 세상의 이치에 맞도록 한 것이니, 이 모든 우주 팔괘의 원리를 네가 ‘빛viii’과 함께 행하는 일에 응용하면 좋을 것이니라. 다만 명심할 것은, 그 큰 ‘빛viii’에 비하면 이 모든 것이 그저 먼지 한 톨보다 못한 것이니…. 그러나 이 먼지조차 이해하지 못하는 어리석은 사람들이 네가 행하는 그 ‘빛viii’을 알기나 하겠느냐? 오직 이 이치를 제대로 알고 바로 행할 때만 줄을 서 기다리고 있는 세상의 혼란과 어려움을 피하고 행복을 누리게 되느니라. 이 점을 꼭 명심해야 하느니라.”

이후 내가 도경을 마지막으로 본 것은 중학교 3학년 무렵의 일이었다. 평소처럼 아버지와 술잔을 기울이시던 노인은 무슨 이야기 끝엔가 눈물을 한없이 흘리시더니 나를 돌아보며,

“애야, 며칠 후 할머니 산소에 가거든 그 근처에 아버지가 누우실 자리도 보아드리도록 해라. 정확히 3년 뒤 칠월 초사흗날에 아버지를 모실 자리니라. 그러니 자리를 고를 때는 정신을 모아 네 마음에서 들리는 소리에 집중하도록 하여라.”

하고 말씀하셨다. 건강하기만 하신 아버지가 앞으로 3년밖에 못 사신다니, 참으로 어이없고 기가 막힌 소리였다.

“이걸 가지고 가거라. 쓸모는 없겠지만 그래도 네게 주고 싶구나.

내가 너에게 줄 수 있는 것은 이것뿐이구나."

네 귀퉁이가 모두 터지고 빛이 바랜 낡은 가죽 가방이었다. 하지만 어쩐지 내키지 않아 받지 않으려 하자 아버지가 버럭 호통을 치셨다.

"어서 받지 않고 뭐 하노?"

아버지의 기세에 눌려 하는 수 없이 받아 든 가방은 무엇이 들었는지 꽤 묵직했다. 그러자 도경이 입을 열었다.

"밝은, 아주 밝은 '빛[viii]'에 싸여있는 아드님의 모습이 보입니다. 오색찬란한 '빛[viii]'에 휩싸여 뭇사람들의 아픔을 쓰다듬고 있습니다. 머지않아 큰 '빛[viii]', 큰 하늘의 문이 열릴 것이나, 다만 정 주사와 나는 그 모습을 볼 수 없으니 참으로 안타깝습니다. 그토록 빛나는 형상이거늘…"

계산성당 가는 길에 보이는 담벼락. 이 담벼락을
뒤로 한 채 도경을 비롯한 세 노인이 앉아 있었다.

언젠가 노인이 나를 처음 보았을 때 했던 바로 그 말이었다. 그리고 그것이 내가 본 그분의 마지막 모습이었다.

3년 후, 정확히 도경이 말씀하셨던 칠월 초사흗날, 아버지께서 돌아가셨다. 그제야 아차 싶은 생각에 늘 그분이 계시던 선교사집 담벼락으로 부리나케 뛰어가 보았다. 그러나 노인은 이미 자취를 감춘지 오래였다. 이후로 그 누구에게서도 그분의 소식 한 줄을 들을 수가 없었다.

혼란과 불확실성의 미래

어린 시절 도경道㴈에게 이런 이야기들을 들은 적이 있다.

"애야, 40년 후에 네가 어른이 되면 별의별 일들이 다 생겨날 것이니라. 지금 고칠 수 없는 병들도 그때는 다 고친다고 하지만, 그때가 되면 그때에 맞는 또 다른 신종 질병들이 생겨나 사람들을 괴롭게 할 것이다. 지난 역병들은 전혀 새로운 역병이 되어 되돌아 온다는 말이다. 메뚜기도 아닌 먼지 떼가 시도 때도 없이 날아와 하늘을 덮는데, 그 먼지를 마시면 사람이 병에 걸리고 숨도 제대로 쉴 수 없게 된다. 제철 잊은 과일이 쏟아져 나오고 보통 크기의 10배 이상 되는 변종 곡식들이 나오는데 그것들이 사람의 욕심을 채워줄지는 몰라도 마음을 황폐하게 만든단다. 어디 그것뿐이랴. 달걀은 쇠붙이로 된 좁은 칸막이 둥지에서 나오고 채소나 과일들은 공장 같은 곳에서 별의별 약을 먹고 철도 잊은 채 나오게 된단다. 결국 사람들은 지나간 시절, 자연과 함께 흙과 함께 살아가던 삶의 방식을 그리워하게 되어 있느니라."

　이외에도 아이들이 기계하고만 놀다가 기계에 푹 빠져 헤어나올 줄 모른다는 이야기, 이웃 섬나라에 큰 파도가 올라와 수십만 명이 죽고 집도 재산도 모두 바닷물에 휩쓸려가지만 자연과 교감하는 순수 능력이 남아 있는 놈들은 단 한 마리도 휩쓸려가지 않고 살아남을 수 있다는 이야기도 하셨다. 뿐만 아니라 더 오래 살겠다는 인간의 욕심으로 희한한 거래가 오가게 되는데, 사람이 사람의 장기를 만들고 결국엔 가짜 사람이 진짜 사람으로 둔갑하여 누가 누구인지 분별 할 수 없고 혼란에 빠진다는 말씀이 아직도 귓전에 생생하다. 대체 이 모든 게 무슨 뜻이란 말인가? 어린 시절 그분의 말씀은 당시로서는 상상조차 쉽지 않은 허무맹랑한 이야기처럼 들릴 뿐이었다.

　하지만 그로부터 40여 년이 훨씬 넘게 흐른 지금, 그분의 이야기들은 놀라움 그 자체다. 자연의 흐름은 아랑곳 않고 탐욕과 물질주의 그리고 신종질병, 철을 잊은 과일과 채소를 먹고 나타나는 인체의 부작용과 신종 성인병들, 알게 모르게 인간의 건강에 피해를 주는 유해파장들, 지구온난화와 극심한 환경오염으로 계절을 가리지 않고 시시때때로 찾아오는 기상이변, 이미 오랜 사회문제가 된 어린이들과 청소년들 및 성인들의 컴퓨터게임 중독, 언제 폭발할지 모르는 시한폭탄처럼 숨어 있는 인간복제 문제에 이르기까지 그 시절 도경의 말씀은 어느 것 하나 틀림없이 정확한 것이었다.

　40여 년 전에는 지극히 비정상적이고 비상식적이었던 일들이 어느덧 익숙한 현실이 되어버린 요즘, 한 치 앞을 알 수 없는 혼란과 불확실성, 인간의 이성적 판단과 체계화된 의사결정 능력을 넘어서는 일들이 눈앞에서 아무렇지도 않게 일어나는 현실 앞에 우리는 과연 어떤 선택, 어떤 의사결정을 내려야 할까?

선택의 갈림길

개인과 기업, 국가적 차원의 중요한 문제들을 인간의 논리나 이성으로 결정하는 것은 최선의 선택일지는 모르나 최고의 선택은 될 수 없다. 그것은 인간 생활에 절대적인 영향을 미치고 있는 자연의 순리와 영향력을 배제한 결정이기 때문이다.

선택의 문제

삶은 끊임없는 선택의 연속이다. 우리는 어느 한쪽을 선택해야 하는 갈림길 앞에서 늘 고민한다. 대학과 전공을 선택해야 할 때, 직장을 선택해야 할 때, 그리고 배우자를 선택해야 하는 경우 등 인생의 중요한 기로에서 내리는 결정에 따라 한 사람의 삶이 완전히 달라지기도 한다.

개인의 차원을 넘어 각종 단체 및 기업 경영의 의사결정에 있어서도 마찬가지다. 새로 직원을 채용할 때도 자격과 조건을 만족하는 사람 중 과연 누구를 선택할 것인가라는 문제, 혹은 신규 투자 대상을 결정할 때 충분한 검토를 거쳐 사업성이 인정되어 최종후보로 오른

계획 중 어떤 것을 선택해야 할 것인가라는 문제는 기업의 존폐를 결정지을 수도 있는 중대한 선택의 순간이다.

또한 우리는 많은 국책사업들이 국가발전의 초석을 다지는 계기를 마련하는 경우도 보아왔지만, 반면에 막대한 예산을 낭비하고 추진된 후 이러지도 저러지도 못하는 진퇴양난에 빠져있는 경우도 있음을 알고 있다. 이런 결과를 미리 예측할 수 있었다면 과연 그런 무모한 선택을 했을까?

개인과 기업 그리고 국가적 차원의 중요한 문제들을 인간의 논리나 이성으로 결정하는 것은 최선의 선택일지는 모르나 최고의 선택은 절대 될 수 없다. 그것은 인간 생활에 절대적인 영향을 미치고 있는 자연의 순리와 영향력을 배제한 결정이기 때문이다. 운동장에 가만히 서 있는 경우와 움직이는 버스 안에 서 있는 경우 이 두 가지를 똑같은 상태라고 할 수 없는 것과 같은 이치다. 그러나 놀랍게도 많은 사람들이 가만히 서 있는 우리 자신만이 눈에 들어올 뿐 우리를 둘러싸고 영향을 미치고 있는 부분을 놓치고 있다.

이처럼 많은 사람과 집단의 이해관계가 얽혀 있고 그 파급효과가 큰 의사결정이 최고의 올바른 선택이 되기 위해선 인간의 합리적 판단 외에도 우리의 삶을 지배하고 있는 거대한 운명의 힘을 반드시 함께 고려해야 한다. 돌이켜보면 한 두 사람이 잘못된 의사결정을 하는 바람에 회사나 기관이 망하고 문화와 국가가 사라지며, 심지어 문명이 소멸된 역사적 사례들을 어렵지 않게 발견할 수 있다.

일례로 19세기 조선의 최고권력자이자 의사결정권자였던 흥선대원군은 끊임없이 밀려오는 외세 문물 앞에 나라의 문을 걸어 잠그는 쇄

국정책을 선택했다. 그로 인해 조선은 당시 급변하던 국제 정세 속에 스스로를 더욱 고립시킨 형상이 되었고, 이는 곧 주권을 남의 나라에 빼앗기고 수많은 백성들을 망국의 구렁텅이로 몰아넣는 비극으로 이어졌다. 물론 흥선대원군이 그러한 결정을 내리기까지 조선 후기 위정자 전반에 대해 문제를 제기하지 않을 수 없다. 하지만 당시 조선 최고의 의사결정권을 쥐고 있었던 한 사람의 선택 그리고 그 결과에 대해 후세가 보내는 거센 비난은 부인할 수 없는 것이 사실이다.

의사결정학Decision Science : 선택도 학문이다

세계화가 급속히 진행되고 물질적 풍요로움이 커지면서 우리는 더욱더 복잡하고 많은 의사결정을 해야 하는 상황에 놓여 있다. 그중에는 도저히 한 사람의 분석력이나 결정 역량으로는 올바른 답을 찾을 수 없는 경우도 많다. 그 때문에 많은 학자들이 현명하고 올바른 '선택'에 대한 학문, 즉 '의사결정학Decision Science'에 깊은 관심을 갖고 연구하고 있다.

많은 학자들과 전문가 집단은 '어떻게 올바른 선택을 내릴 것인가'의 문제에 대해 경영학·심리학적 접근을 시도하고 있으며, 또한 혼란한 시기에 합리적이고 현명한 '의사결정Decision Making' 단계에 관해 유용한 모델을 제시하고자 노력하고 있다. 일각에서는 아무리 한 개인이 뛰어나더라도 집단의 의사결정보다 더 정확하고 안전한 선택을 하지 못하는 경향이 있다고 지적한다. 그래서 마치 군인을 사관학교에서 양성해내듯 전문적이고 집단적인 의사결정 과정을 교육하고 습득하게 하는 일종의 '의사결정 학교'를 설립해야 한다고 주장하기도 한다.

많은 전문가들이 합리적 의사결정을 내리기 위해 일반적으로 거쳐야 하는 과정, 중요한 의사결정 순간에 빠지기 쉬운 함정이나 오류, 그리고 의사결정에 방해가 되는 심리적 요인 등 다양한 사례들을 검토하고 종합하여 체계화된 의사결정 유형을 내놓고 있기도 하다. 이는 특히 개인적 차원은 물론 단체나 국가적 차원의 고급 의사결정과 관련하여 상당히 중요하고 의미 있는 부분이다.

우리는 그러한 논의들을 살펴보고 학습하여 실제로 현실에서 접하게 되는 의사결정의 순간, 시행착오를 최소한으로 줄일 수 있다. 또한 우리의 두뇌가 빠지기 쉬운 함정들을 피해 보다 합리적이고 논리적인 선택을 내릴 수 있다. 우리가 일상생활에서 마주하게 되는 대부분의 상황들은 이미 일어났던 일들의 수없는 반복 또는 그와 유사한 경우가 대부분이므로 그러한 지식을 통해 꽤 요긴한 도움을 받을 수 있는 것이다. 내가 직접 경험하고 실수나 시행착오를 거치지 않고서도 타인들의 선례를 모범 삼아 보다 정확하고 현명한 의사결정을 내리는 데 도움을 얻을 수 있다.

그런데 여기서 생각해볼 문제가 있다. 만약 지금까지 그 누구도 거의 또는 전혀 겪어보지 못한 지극히 이례적인 상황이 닥친다면, 과거의 어떤 의사결정 모델에도 적용시킬 수 없는 특수 상황에서 과연 우리는 어떤 선택을 내려야 할까?

지난 2004년 인도네시아 수마트라 섬을 강타한 쓰나미를 생각해보자. 이 자연재해는 인류 역사상 다섯 번째로 많은 사상자를 냈고, 인도네시아의 3/4이나 되는 면적이 영향을 받을 만큼 엄청난 규모였다. 하지만 정작 현지인들은 그 쓰나미가 7시간을 넘게 인도양을 거쳐 육지에 도달하기까지 어떠한 대비도 못한 채 고스란히 피해를 입어야 했다. 이와 반대로 인간보다 두뇌가 한참 뒤떨어졌다고 알려진 쥐나 새, 원숭이 등 야생동물들은 일제히 높은 지대로 도망가 목숨을 건졌다. 제아무리 합리적인 의사결정 모델이 존재한다고 한들 이러한 이례적이고도 기습적인 상황 앞에서는 한계를 지닐 수밖에 없는 것이다.

이와 유사한 또 다른 상황을 가정해볼 수 있다. 이는 비록 가정에 불과하지만 많은 학자들이 그 가능성을 충분히 경고한 바 있는 시나리오이기도 하다. 과거 큰 공포와 위협을 주었던 조류독감이나 사스(SARS: 중증급성호흡기증후군)가 변종에 변종을 거듭해 높은 치사율과 전염력을 동시에 지닌 신종 괴질로 출몰한다면, 중세 유럽의 흑사병 창궐을 뛰어넘는 전대미문의 판데믹(Pandemic: 전염병대유행) 앞에 인간은 과연 어떤 선택을 할 수 있을까?

이는 이른바 '검은 백조Black Swan'로 널리 알려져 있는 문제 상황에서 어떤 의사결정을 내려야 하는가에 대한 질문이다. '검은 백조'란 쉽게 말해 상식적인 수준을 넘어서는 아주 이례적인 문제, 지극히 희귀하고 극단적이지만 분명 현실에서 발생하며 엄청난 영향력을 지니는 일을 말한다. 처음 이 비유를 사용한 나심 탈레브Nassim Nicholas Taleb는 오스트레일리아 대륙을 발견하기 전까지 모든 백조는 희다고 믿어 의심치 않았던 서구인들의 신념에 대해 이야기한다.

검은 백조가 발견되기 전까지 사람들이 본 것은 오로지 하얀 백조뿐이었다. 하얀 백조에 대한 신념은 수천 년 동안 깨지지 않을 만큼 확고하고도 분명했다. 하지만 어느 날 한 조류학자가 못생기기 이를 데 없는 검은 백조의 출현을 목격하는 순간 오랫동안 이어져온 인간의 신념과 상식은 깨어질 수밖에 없었다는 것이다.

이처럼 검은 백조란 인간의 상식, 즉 수없이 반복되고 또 반복되어 인간의 내면에 뿌리내린 고정관념에 전혀 속하지 않고 예외적으로 발생하는 일을 말한다. 아무런 예고도 없이 몰아닥쳐 모든 것을 송두리째 앗아간 쓰나미처럼 아주 희귀하고도 드문 일이지만 그 0.0001%의 가능성이 우리의 삶 전체를 바꾸어놓을 수도 있는 것이다.

내면의 감각은 답을 알고 있다

오늘날의 의사결정학에 대한 또 다른 의문은 지극히 현실적인 것에서 출발한다. 합리화된 의사결정 모델이 정교하게 만들어져 있다고는 하지만 실제 현실에서 그 활용도가 과연 어느 정도인가에 대한 의문이다. 기업의 고위급 임원들 중 상당수가 논리적 분석보다는 '직관'이나 '느낌', '육감' 또는 '내면의 소리'를 따른다는 고백을 하고 있다. 이를 놓치지 않고 일부 학자들은 성공적인 의사결정을 위해서는 이성뿐만이 아닌 '인간적 감성과 느낌에 귀 기울일 필요가 있다'고 조언하기도 한다. 이른바 '제7의 감각'이라 불리기도 하는 인간의 직관력, 예지력, 통찰력은 중요한 의사결정 순간에 유용하게 사용되어왔으며, 동서양 모두 오랜 전통을 지니고 있다.

그중 하나가 바로 점占을 치는 것인데, 점이란 본래 인간의 내면에 숨어 있는 고도의 감각을 깨워 앞날을 예측하고 더 지혜로운 의사결정을 하기 위한 방법이다. 로마의 귀족들은 양자택일을 해야 할 때 동전을 던져 의사결정을 했고 알렉산드로스 대왕은 위기의 순간 점성술을 이용해 미래를 준비했다는 기록이 있는데, 이러한 행위 모두 점占의 일종이다.

동양에서는 아예 이 부분을 학문으로 체계화시켰는데 역학易學이 바로 그것이다. 과거 역학은 오늘날의 반도체 기술에 비할 바 없는 고급 정보학문이었기 때문에 기득권 계층은 자신들의 권력을 유지하기 위해 이 학문을 가능한 한 어렵고 익히기 힘들게 만들어 두었다. 조선시대 과거 시험을 치기 위해 반드시 익혀야 했던 사서삼경四書三經 중 하나가 바로 『주역周易』이다.

『난중일기』에는 이순신 장군이 임진왜란 당시 14차례에 걸쳐 척자점을 뽑아보았다는 기록이 남아 있다. 이순신 장군은 수많은 병사들의 생명은 물론 나라의 앞날이 걸린 중대한 의사결정을 행한 사람이었다. 그는 이처럼 절체절명의 선택을 앞에 두고 고도의 예지력과 통찰력에 먼저 답을 구하고 이후 인간의 지혜와 노력을 다해 현실에 대처하고자 했던 것이다. 이처럼 뿌리 깊은 점占의 전통은 과학이 고도로 발달했다는 현대에도 사라지기는커녕 도리어 더욱 번성하는 모습을 보인다.

통계에 따르면 2010년 현재 국내 역술인은 50만 명에 이르며, 시장 규모도 3조원에 이를 정도라고 한다. 한국뿐만 아니라 중국과 일본,

미국 그리고 유럽에서도 운명을 점치고 앞날의 행운을 기원하는 전통은 다양한 형태로 발전되고 있다. 이는 인간의 내면에 고도의 감각이 존재하는 한 영원히 지속되는 현상일 것으로 본다.

그런데 문제는 그 내면의 감각을 제대로 발현시켜 앞날을 예측하고 그때가 다가왔을 때 올바른 의사결정을 내리기가 쉽지 않다는 데 있다. 무엇보다도 역학이라는 학문 자체가 무척 어렵다. 국내에 역술시장이 커지는 만큼 선무당이 사람 잡고, 반풍수 집안 망친다는 속담의 주인공이 혹 자신이 되지는 않을까 걱정도 하게 되는 것이 사실이다.

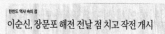

2012. 8. 28. 문화일보 기사   2014. 2. 2 중앙선데이 기사

『난중일기』에는 이순신 장군이 임진왜란 당시 14차례에 걸쳐 척자점을 뽑아 보았다는 기록이 있다.

내 안의 빛마음을 통한 의사결정 : 빛의사결정

지금까지의 이야기를 종합해보자. 실수나 오류에 휩쓸리지 않고 최대한 합리적인 선택을 돕고자 하는 오늘날의 의사결정학은 분명 유용한 학문이지만, 요즘과 같이 앞날이 불투명하고 전 세계적인 경제위기, 테러, 환경오염으로 인한 천재지변, 괴질 등 검은 백조가 언제 어디서 출몰할지 모르는 혼란한 상황에서는 어쩔 수 없이 한계를 지닐 수밖에 없다. 반면 인간 내면의 고도의 감각과 예지력을 바탕으로 한 전통적인 의사결정 방법인 점술, 그중에서도 동양적 전통에서의 역학은 신속하고 정확한 판단을 가능하게 한다.

일찍이 헤르만 헤세는 빌헬름 신부가 중국 선교사 시절 『주역』을 독일어로 번역한 『변환의 서書』를 접하고는 "내 지식으로는 단지 짐작하거나 잠깐 이해할 정도. 그 이상은 도저히 알 수 없는 이 책 속에는 세상사를 총망라하는 시스템이 구축되어 있다. 그리고 그 안은 물이나 떠도는 구름 속을 보는 것과 같다. 바로 그 안에는 무엇에 대해 생각하고 어떻게 살지가 기록되어 있다."고 찬탄한 바 있다.

하지만 역학은 배우기가 너무 어렵고 이를 현대에 맞게 적절히 해석해내는 능력 또한 사람에 따라 크게 달라지기 때문에 많은 이들이 즐겨 찾으면서도 동시에 그 신뢰성에 대해 의문을 제기하는 경우 또한 많다.

이에 필자는 기존 의사결정학의 한계를 보완하면서도 누구나 쉽게 생활에 접목할 수 있는 새로운 개념의 의사결정 방법이 마련되어야 한다는 생각을 지속적으로 하게 되었다. 그리고 우주근원의 에너지,

빛[viii]과 역학을 접목해 기존의 한계를 탈피한 완전히 새로운 종류의 의사결정학을 탄생시키기에 이르렀다. 빛[viii]이란 지극히 순수한 자연상태, 고도의 우주근원에서 오는 행복과 변화의 에너지*를 말한다.

이 책에서는 의사결정과 관련하여 앞서 말한 바 있는 도경께서 물려주신 비서를 바탕으로 빛[viii]을 접목해 만든 빛의사결정학으로서의 『한역팔목韓易八目』에 대해 좀 더 자세하고 흥미진진한 이야기를 해보고자 한다.

한 치 앞을 알 수 없는 혼란 속에서 한역팔목이 정확하고 신속하며 지혜로운 의사결정의 도구이자 미래예지도구로 얼마나 큰 역할을 하였는지, 지난 30여 년간의 생생한 경험과 이야기를 통해 새로운 빛의사결정의 세계로 독자 여러분을 안내하고자 한다.

---

* 지난 30여 년간 수많은 사람들과 빛[viii]을 나눠오는 가운데 쌓인 그 무한한 변화와 행복의 이야기들은 필자의 또 다른 책 『빛명상, 눈덩이처럼 불어나는 행복 순환의 법칙』을 참조하시기 바란다.

도경이 남긴 선물

도경은 단순히 눈앞에 닥친 소소한 개인사 정도를 물어 답을 구하는 점술보다는 인류의 앞날과 미래가 걸린 중대하고 위급한 선택의 순간에 보다 지혜롭고 현명한 방향으로 캄캄한 앞날을 열어갈 수 있는 등불을 남겨두고자 하셨다.

도경의 가방

도경이 내게 남긴 빛 바랜 가죽가방 속에는 오죽으로 된 산목算目 (괘를 뽑아보는 점술도구) 케케묵은 고서 몇 권, 그리고 신비로운 분위기의 그림 한 폭이 들어 있었다. 그분이 왜 내게 이 가방을 남기려 하셨는지, 이것들이 모두 어디에 쓰이는 물건들인지 당시로서는 도통 알 방법이 없었다. 가끔씩 생각이 날 때면 그 가방을 꺼내보고 그분이 하신 말씀을 떠올려보는 일이 내가 할 수 있는 전부였다.

그렇게 세월이 흘러 어른이 되고 평범한 사회인, 한 가족의 가장이 되었다. 그런데 언제부터였을까. 주위에서 자꾸 신기한 일들이 생겨나기 시작했다. 내 덕택에 건강이 좋아졌다고도 하고, 일이 잘 풀린

도경께서 남겨주신 마지막 선물들

다고도 하고, 어려운 일이 해결되었다고도 했다. 그들의 이야기에 도리어 내가 더 놀랄 지경이었다.

처음에는 그저 그 모든 일을 우연으로 여겼지만 시간이 흘러 어느 시점부터인가는 수많은 우연의 조각들이 모이고 모여 거대한 필연의 그림을 그려간다는 생각이 들기 시작했다. 딱 언제부터라고 꼬집어 말할 수는 없지만, 나의 깊은 내면이 어떤 알 수 없는 큰 힘과 맞닿아 있다는 느낌도 들었다.

그러던 어느 날, 1986년 초겨울, 경남의 한 산에서 우주의 큰 '빛^{viit}'을 만나게 되었다. 그동안 내가 품고 있었던 의문과 원인을 알 수 없었던 많은 신비로운 일들의 바탕에 바로 '빛^{viit}'이 있음을 알게 되었다. 그 힘은 우주근원에서 오는 생명과 창조의 힘이었고, 건강과 행복, 풍요로움을 가져다주는 우주의 무한한 선물이었다. 분명 빛과 같은 형태로 오는 힘이기는 하지만 일반적으로 알려진 태양빛, 별빛, 인공 조명들과는 차이가 있어 영문 'Viit'을 한글과 병기한 '빛^{viit}'으로 쓰기 시작했다.

어째서 이러한 힘이 평범하기만 한 나와 맞닿아 사람들에게 전해지게 되었는지, 그 이유는 나도 알 수가 없었다. 다만 이 힘을 일부 소수의 사람을 위해서가 아니라 보다 많은 사람들을 위해 나누고 펼쳐야 한다는 것만은 선명하게 알 수 있었다. 지난 날 도경께서 하셨

던 말씀, '큰 빛^{viit}과 함께 하게 되거든 사람들의 아픈 몸과 마음을
어루만지는 큰 집을 지으라' 하셨던 말씀이 어떤 의미인지 알게 된
것이다.*

이후 1994년에는 우주의 근원에서 오는 빛^{viit}을 내면에 잘 담을 수
있는 '빛명상'을 통해 보다 많은 사람들이 풍요롭고 행복한 삶을 살
아가는 것을 목적으로 '빛명상본부(사단법인 건강과 행복을 위한 빛명
상)'를 설립하였다. 그리고 수많은 사람들이 삶의 한가운데에서 기쁨
과 행복, 슬픔과 고통을 함께 나누는 가운데 도경이 남긴 선물의 의
미도 조금씩 이해하게 되었다.

도경의 유산

도경이 남겨주신 고서에는 과연 어떤 내용이 담겨 있을까? 하루는
이런 궁금증을 갖고 책을 넘겨보다가 불현듯 오래전 그분이 들려주
신 이야기 한 토막이 떠올랐다. 아주 오래전, 도경이 청년이던 시절
에 있었던 일이다.

어느 날 도경이 한 현자를 만났다. 그 현자는 뼈를 깎는 오랜 노력
끝에 세상의 모든 이치를 섭렵한 도인이었다.

"내가 스승에게 물려받은 비서秘書에 미래에 올 세상의 이치를 모
두 담아두었네. 하지만 세상이 아직 그 책을 받아들일 준비가 되어

---

* 빛^{viit}에 대한 자세한 이야기는 『빛명상, 눈덩이처럼 불어나는 행복순환의 법칙』과 『해독제』를 읽어보시기를
바란다.

있지 않아 어느 산 깊은 동굴 속에 숨겨두었다네. 그러니 그 책을 자네가 가서 한번 찾아보게."

이 말을 듣고 도경은,

"저는 앞을 보지 못해 작은 돌길 하나 다니기도 힘듭니다. 그런 제가 어떻게 깊은 산속 동굴에 숨겨둔 책을 찾을 수 있다는 말씀입니까? 그리고 만에 하나 그 책을 찾는다 한들 앞을 보지 못하는 제게 그러한 책이 무슨 소용이 있겠습니까? 왜 제게 그런 말씀을 하시는지 잘 이해가 가지 않습니다."

하고 대답하였다. 그러자 현자가 말했다.

"세상 사람들은 비록 두 눈을 뜨고 있어도 마음의 눈을 감고 있어 진실을 보지 못한다네. 그러한 사람들은 그 책을 읽어도 자신의 잣대로만 판단하여 도리어 세상에 큰 혼란만 줄 뿐이네. 하지만 그대라면 욕심없이 맑은 마음으로 그 책을 볼 수 있을걸세."

그리고 현자는 도경에게 자신이 평생에 걸쳐 완성한 소중한 비기秘記를 어디에 숨겨두었는지 산과 동굴의 형상을 소상하게 일러주었다.

이후 도경은 한 산속 깊은 곳에 들어가 공부를 하였는데, 그러다 어느 날엔가는 꿈인지 생시인지 분간이 가지 않을 만큼 아주 선명한 의식 상태에 들게 되었다. 그리고 그 상태에서 눈이 아닌 마음으로 세상 모든 것을 아주 또렷하게 보고 이해할 수 있었다. 도경의 눈앞에 어느 산의 7-8부 능선 비탈진 곳에 있는 동굴이 보였는데, 그 굴 속으로 들어가니 또 하나의 굴이 있고, 호랑이 두 마리가 입구를 지키고 있었다. 조화롭고 신비로운 암석으로 된 2층 동굴이었다. 그 굴 속에는 총 네 곳에서 맑은 샘이 퐁퐁 솟아나고 있었는데, 도경이 그

중 1층의 바위 아래에 있는 샘물을 떠 마시니 두 눈이 번쩍 떠지면서 어둡던 세상이 환해졌다. 그리고 동굴 끝 암벽 틈에 꽂힌 책 한 권이 번쩍 눈에 들어왔다. 그 책을 안고 고요히 명상에 잠기니 책의 내용이 저절로 머릿속으로 들어왔다. 그 이후 신기하게도 마음의 눈이 활짝 열려 사람들의 운명이 보이기 시작하고 때로는 발자국 소리만 들어도 누구인지 알 수 있게 되었다.

세월이 흘러 도경이 일러주신 그 동굴을 우연히 찾게 되었고 한 도인과의 만남으로 도경이 이야기했던 고서를 볼 수 있었는데, 그 신비로운 이야기는 다음 기회에 더욱 자세히 해보기로 하자.

도경이 남긴 책 안에는 숫자들이 서로 조합을 이루며 의미를 담은 한자들이 빼곡 담겨 있었다. 도경의 스승이었던 이름 모를 현자의 지혜는 물론 소리 소문없이 조용히 이 땅을 살다간 수많은 선인들의 마음과 정기가 함께 담겨 흐르고 있음을 알 수 있었다.

이후 시간이 흐르면서 그 숫자들이 주역周易의 근간을 이루는 64 괘상卦象을 나타내고 있음을 알게 되었다. 즉, 앞날을 예측하기 위해 뽑아본 괘에 대한 풀이가 담긴 책이었던 것이다. 그런데 자세히 살펴보니 그 64괘상에 대한 해석이 일반적으로 세상에 알려진 내용과는 차이가 있었다. 즉, 도경에 의해 새롭게 재해석되고 수정·변형된, 새 시대를 위한 새로운 '역易'이었던 것이다.

도경은 이미 50~60년 전 당시 그 어느 미래학자보다도 정확하게 미래의 구체적인 상황까지도 예견하고 있었다. 머지않은 미래에 과거에는 상상도 할 수 없는 일들이 물밀듯이 밀려들어와 엄청난 변화와 혼돈이 시작되리라는 것을 알고 있었던 것이다. 또한 그에 따라 기존의 주역이 현실에 맞지 않게 되며, 많은 사람들이 새 시대에 맞는 새로운 미래 예측 방법을 찾게 되리라는 점을 예견하고 평생에 걸쳐 그것을 준비해오셨다.

도경은 단순히 눈앞에 닥친 소소한 개인사 정도를 물어 답을 구하는 점술보다는 인류의 앞날과 미래가 걸린 중대하고 위급한 선택의 순간에 보다 지혜롭고 현명한 방향으로 캄캄한 앞날을 열어갈 수 있는 등불을 남겨두고자 하셨다.

또한 과학이 아무리 발달해도 그 역시 인간의 머리에서 나온 것이기에 어쩔 수 없는 한계에 부딪혔을 때 좌절하거나 낙담하지 않고 초월적인 우주의 지혜와 함께 보다 행복한 미래를 만들어가기를 바란 것이기도 했다.

그런데 도경이 남기신 책을 세상에 내놓기 전 일단 내가 해야 할 일이 몇 가지 있었다. 우선은 도경의 책을 현실에 적용해 실제로 어느 정도 정확한 예측이 가능한지 실험해볼 필요가 있었다. 만약 부족한 부분이 있다면 빛[viii]을 접목해 보완해보기로 했다.

그리하여 가장 우선적으로 나 자신의 경우는 물론 빛[viii]을 나누는 과정에서 만나게 된 사람들의 여러 상황에 대해 도경이 남겨주신 책에서 답을 구해보았다. 그리고 그 결과를 단순히 눈앞의 하루 이틀이 아닌 10년, 20년 장기적인 세월에 걸쳐 지켜보며 도경의 괘가 일러준 방향과 얼마나 일치하는지 지켜보았다.

이러한 과정을 30여 년간 수없이 반복하며 나름대로 실험을 완성한 끝에 비로소 이 책을 보다 많은 사람들에게 자신 있게 내놓아도 좋겠다는 결론에 이르렀다. 우리 세대는 물론 후대에 물려주어도 손

색이 없을 만큼 긍정적인 답을 정확히 구할 수 있다는 확신을 갖게 되었기 때문이다.

새 시대를 여는 새로운 역, 한역韓易

'한역'이라는 명칭은 중국의 것이 아닌 우리 배달민족으로서, 이름 그대로 우리 '한민족의 역'이라는 의미로 역의 뿌리를 한국으로 재정립하고자 하는 의도가 담겨 있다.

'한역韓易'의 탄생

도경이 남기신 그 책을 바탕으로 어린 시절 들었던 이야기들을 종합하여 오랜 고심 끝에 '한역韓易'이라는 이름을 붙였다. '한역'이라는 명칭은 중국의 것이 아닌 우리 배달민족으로서, 이름 그대로 우리 '한민족의 역'이라는 의미로 역의 뿌리를 한국으로 재정립하고자 하는 의도가 담겨 있다.

복희씨가 역易을 지을 때 천지자연의 이치를 밝혀 하늘을 홀수(―), 땅을 짝수(--)로 정하고 음양의 변화를 통하여 산과 못, 우레와 바람, 물과 불의 관계를 관찰하여 그 변화가 강하고 부드러운 것을 보고 팔괘八卦의 획을 만들었다. 또한 만물의 오묘한 법칙을 알아내

그것을 효爻로 표현하였고, ―을 양효陽爻라 하고 -- 를 음효陰爻라 칭하게 되었다.

이 팔괘의 획은 서로 거듭되고 교착되어 모든 변화를 가져오면서 인간의 길흉화복吉凶禍福에도 영향을 끼친다는 것을 알게 되었다. 지나간 일을 아는 것은 순리이지만 미래의 일을 아는 것은 그 순리를 거꾸로 거스르는 것이다. 그러므로 역은 미래를 거꾸로 알아내는 역수학易數學이며 종점에서 출발점을 보며, 출발점에서 종점을 알아보는 만물의 오묘한 변화와 법칙에 이르러 사람의 운명까지 알게 된 것이다. 팔괘의 변화를 통하여 길흉화복吉凶禍福을 미리 알아내고 피흉취길避凶取吉하여 삶의 가치를 높이고 보다 행복하게 살아가고자 하는 염원에서 생긴 것이다.

역을 이루고 있는 하늘과 땅天地, 못과 산澤山, 불과 물火水, 우레와 바람雷風이 여덟 개의 팔괘로 서로 조화를 이루고 변화를 만들어내면서 64개의 괘상卦象을 나타내, 동방 문명의 시초가 된 기본 원칙을 이끌어낸 것이다.

영어로는 The Eight Trigrams라 하는데 우주의 삼라만상을 형성하는 요소로 풀이된다. 이 팔괘를 창시한 분이 하늘의 뜻과 태양의 정기를 받아 탄생한, 지금으로부터 약 6,000여 년 전, 삼황三皇 중의 으뜸이며 성덕聖德을 지녔고 해와 달처럼 광명光明하므로 태호太昊라 일컫게 되었다.

대동이大東夷의 선구자이자 배달민족 태호복희는 그 당시 인간에게 화식火食하는 법을 가르치고 동서남북 사방위를 정하고 혼인법을 통하여 가장(가족)의 촌수寸數 또는 족보族譜를 만들게 하였다.

태호복희 팔괘도

　또한 하늘을 공경하고 부모와 선조를 모시는 제사법을 만들어 인륜人倫을 일깨워 주는 등 인간을 본능의 삶에서 사람답게 살 수 있도록 지혜를 전수해 준 위대한 고대 동방제국의 실력자요, 지도자이며 과학자이자 사상가이며 점가占家며 천문가天文家이며 대예언자였던 것이다. 동이족인 태호복희씨太昊伏羲氏가 바로 우리 한국인의 선조인 것이다.

　여기까지 도경道冏께서 들려주신 이야기에 여러 역사 자료를 바탕으로 우리의 한역韓易을 만들었다. 이에 우주마음의 느낌을 받아 책으로 편찬하게 되었고 누구나 간편하게 이용할 수 있도록 미래예지 도구인 한역팔목을 만들었다.

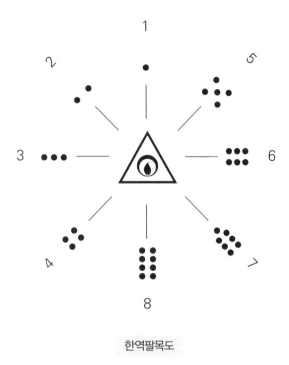

한역팔목도

한역팔목은 10년 전 이미 발명특허를 받았으나 지금까지 미뤄온 것
은 태호복희씨太昊伏羲氏가 팔괘를 창시한 역사와 검증 자료가 더 필
요했기 때문이다. 즉 주역周易이 주나라의 것이 아니라 그 원천이 우
리 배달민족倍達民族의 팔괘라는 본래의 뿌리를 찾고 싶었던 것이다.

빛만남 27주년과 빛명상본부 설립 19주년이 되는 2013년 6월에 이
르러 지승스님 등 일행과 함께 현지 곳곳을 답사 그 본래의 뿌리를
찾아오게 되었다. 한반도에서 시작하여 온 세상 방방곡곡으로 훨훨
비상하게 될 '한역韓易'을 생각하며 우주근원에 감사의 마음을 가득
담아 올린다.

원조 백운학과 발명특허

『한역팔목』을 완성해 세상에 내놓으며 한 가지 우려했던 부분이 있었는데, 바로 겉모습만 비슷하게 흉내 낸 아류들에 묻혀 한역韓易고유의 특성이 왜곡되지 않을까 하는 점이었다. 그러면서 옛날 도경께서 들려주신 '백운학' 이야기가 떠올랐다.

요즘도 길을 가다보면 '백운학'이라는 이름을 내건 간판을 심심치 않게 찾아볼 수 있는데, 그 간판의 주인공인 원조 백운학은 구한말 대원군 시대의 사람이다.

백운학은 당시 청도 운문사에 관상학으로 유명한 '일허 스님'을 찾아가 사사받고 관상가가 되었다. 물론 그가 관상학의 대가가 되기까지의 과정이 순탄하기만 한 것은 아니었다. 처음 일허 스님을 찾아가 관상학을 배우고 싶다고 말하자 스님은 이렇게 대답하였다.

"분명 자네에게는 관상을 보는 타고난 감각이 있네. 하지만 다른 이의 관상을 보기에는 자네의 두 눈에 담긴 기운이 너무 강하네. 관상이란 멀리 보는 것이 아니라 가까운 곳을 세밀히 보아야 실수가 없는 법인데, 자네의 그 두 눈은 가까운 곳을 보기에는 틀렸네."

이 말을 들은 백운학은 그 자리에서 앞에 놓여 있던 청동화로의 쇠꼬챙이로 자신의 한쪽 눈을 지져 애꾸눈을 만들어버렸다. 이 모습을 본 일허 스님은 '이런 지독한 놈 같으니라고!' 하며 혀를 끌끌 찼다. 결국 스님은 백운학의 열정과 집요함을 이기지 못하고 자신의 모든 비법을 전수해주었다.

이후 백운학은 백발백중이라는 소문이 나면서 명성이 자자해졌다.

그리고 '병신 육갑'한다는 말도 이때부터 시작되었는데, 애꾸눈 백운학이 그래도 사주 하나는 잘 보는 특출한 재주가 있다는 비아냥거림이었던 것이다.

아무튼 그 경지가 당대 최고에 이른 백운학은 보다 큰물에서 이름을 날려야겠다고 생각하고 무작정 서울로 향했다. 정처없는 나그네처럼 떠돌이 생활을 한 지도 수개월, 드디어 한양에 도착한 백운학은 멀리 한 민가에서 서기가 오르는 것을 보았다. 대체 저 기운이 무엇인가 싶어 얼른 가까이 가보니 작은 꼬마 아이가 마당에서 팽이치기를 하며 놀고 있었다. 그런데 아이의 얼굴은 분명 제왕의 상이었다.

그는 아이를 앞에 두고

"상감마마, 큰절 받으십시오."

하며 큰절을 했다. 그러자 이 광경을 본 아이의 아버지가 화들짝 놀라며 물었다.

"자네, 방금 한 말이 무슨 소리인가?"

"이분은 장차 이 나라를 다스릴 군왕이 되실 것입니다."

"도대체 자네가 누구기에 앞뒤도 없이 그런 말을 한단 말인가? 나랏님이 엄연히 계신데 그런 말을 하다니, 우리 집안을 풍비박산이 나게 만들 셈인가?"

"저는 백운학이라는 관상쟁이온데, 저분은 틀림없이 왕이 되실 상을 지니고 계시옵니다. 4년 후 제 말이 거짓이 아니라는 것을 확인하게 될 것이옵니다. 만약 그때가 되어 제 말이 맞으면 3만 냥을 저에게 주시겠다는 어음을 한 장 써주십시오."

아이의 아버지는 내심 기뻐하며 그가 원하는 대로 어음을 써주었다.

그로부터 4년 후 꼬마 아이는 고종 황제가 되었고, 아이의 아버지는 대원군의 지위에 올랐다. 그리고 그간 사람들의 관상을 보아주며 그럭저럭 세월을 흘려보낸 백운학은 대원군과 그의 아들의 권세가 하늘을 찌를 무렵 3만 냥짜리 어음을 들고 궁궐을 찾아갔다. 대원군 앞에 선 백운학은 지난날 자신이 받은 어음을 내놓으며 말했다.

　"제 말이 정확히 맞아떨어졌으니 이 어음에 적힌 돈을 제게 주시옵소서. 그리고 훗날 제가 죽고 나서 위패에 '현고학생顯考學生'이라는 말보다는 작은 벼슬이라도 올려 가문의 영광이 되고 싶사오니 제 고향인 청도에 현감 자리를 제수해주십시오. 그래야 이놈도 '병신 육갑한다'는 소리는 그만 듣고 금의환향 한번 해보지 않겠습니까?"

　그러자 대원군이 껄껄 웃으며 말했다.

　"그래, 좋네. 내 지난 힘든 시절, 자네의 그 말을 희망 삼아 오늘의 이 자리에까지 올 수 있었으니 그 청을 들어주겠네."

　이렇게 해서 백운학은 빈털터리로 고향을 떠났던 지난날을 뒤로하고 3만 냥의 돈에 청도 현감까지 되어 고향으로 내려왔다. 그러자 백운학이 제왕의 사주를 미리 봐주고 청도 현감 자리를 제수했다는 소문이 양반가와 벼슬아치들 사이에 널리 퍼져나갔다.

　백운학의 유명세가 얼마나 대단했던지 원조 백운학이 세상을 뜬 지 근 100년이 지난 오늘날에 이르기까지 전국 각 곳에 스스로 '백운학'이라고 주장하는 사람들이 수십, 수백 명이 될 정도다. 역사를 잘 모르는 사람은 그러려니 하며 엉터리 백운학에 속아 별 신통찮은 사주풀이를 들고 역학 전체를 폄하하겠지만, 진짜가 무엇인지 아는 사람이라면 그 차이를 확연하게 인식할 것이다.

한역韓易과 기존 역학의 가장 큰 차이점은 '쉽고 간단하다'는 데 있다. 기존 역학은 보통 사람들이 다루기에는 지나치게 어렵고 방대한 경향이 있다. 지난날 이 학문을 공부한다는 것은 그만큼 많은 정보를 습득하고 사회에서도 높은 지위를 점한다는 의미였다. 따라서 기득권층이 일반 백성들은 역학을 쉽게 습득할 수 없도록 어렵고 복잡하게 만들어 놓은 것이다.

　일 년에 역학과 관련된 특허 신청건들이 수십, 수백 건씩 쏟아지는 가운데 한역팔목이 발명특허를 획득할 수 있었던 이유는 바로 누구나 쉽고 편리하게 사용할 수 있도록 했기 때문이다.

내가 만나본 빛^{viit} 선생님

중앙일보 논설위원, 전 중앙일보 편집국장 **전영기**

정광호 학회장님의 신간 『행복예보 생활한역』 출간을 축하드립니다. 저는 개인적으로 빛^{viit} 선생님이라고 부릅니다.

저는 8년 전 쯤에 팔공산 빛명상본부에서 빛^{viit} 선생님을 처음 만났습니다. 그때 제가 본 선생님은 따뜻하고 친절하고 소박하고 겸손하셨습니다. 우주마음도 이처럼 겸손하실까 하는 생각이 들 정도였습니다.

빛^{viit} 선생님은 어떤 분이신가를 곰곰이 생각해봤습니다. 첫 번째로 빛^{viit} 선생님은 치유하는 분입니다. 2007년에 처음 뵈었을 당시, 그때 저는 중앙일보 정치부장을 맡고 있었습니다. 요즘도 가끔 그럴 때가 있지만 그때는 제가 무척 아팠습니다. 정신이 다 나간 것처럼, 몸의 기가 다 빠져나간 듯 했습니다. 2007년 대통령 선거를 취재할 때였습니다. 기진맥진한 상황에서 빛명상본부에 가게 되었습니다. 그때 선생님 집무실을 가득 채운 난과 꽃이 그윽하게 피어 있었고, 그 자리에서 저에게 빛[viit]을 주셨지요. 약 20여 분간 빛[viit]을 받고 눈을 뜨면서 느꼈던 희열과 정화된 기분이 지금도 생생합니다.

두 번째로 빛[viit]선생님은 예측하는 분입니다. 직업적으로도 빛[viit]선생님의 도움을 받았습니다. 다음 대통령은 누가 될 것인가? 이걸 먼저 맞추는 것이 정치부 기자들의 가장 큰 명예 중 하나였습니다. 그래서 제가 물었습니다.

"이명박 후보가 됩니까, 박근혜 후보가 됩니까?"

빛[viit]선생님은 정확히 맞추셨지요. 2007년 8월 당시 한나라당의 이명박 후보와 박근혜 후보 등 대선 후보 경선할 때, 누가 대통령 후보가 될 것이고 누가 대통령이 될 것인지 맞추셨습니다.

빛[viit]선생님은 치유하고 예측하는 것에만 그치지 않습니다. 세 번째로 빛[viit]선생님은 애국愛國하는 분입니다. 지난 2013년 연말 빛[viit]축제 행사에서 태극기를 처음 입장시키고 애국가를 직접 입으로 부르고 그랬습니다. 여러 행사를 다녀봤지만 빛[viit]선생님의 행사 말고는 그렇게 하는 것을 본 적이 없었습니다. 태극기를 보고 가슴에 손을 얹고 애국가를 직접 불러보는 것. 작은 일이라 생각할 수 있지만 애국의 기본입니다.

네 번째로 빛[viit]선생님은 애족愛族하는 분입니다. 우리 배달민족 6,000년 상고사를 통해 주역의 근간이 되는 팔괘八卦를 창시한 삼황오제三皇五帝의 으뜸, 태호복희의 획팔괘처를 찾아 우리의 한역韓易으로 탄생시킨 분입니다. 열정적으로 직접 발로 뛰어 우리 민족의 자긍심과 위대성을 되찾고자 하시는 분입니다.

다섯 번째로 빛[viii]선생님은 교육하는 분입니다. 제가 중앙일보 편집국장으로 있었던 2012년 4월, 봄이었습니다. 우동기 대구시 교육감님과 MOU 체결을 맺어 빛명상을 통해 아이들의 인성을 키우는 빛명상 교육을 시작하셨지요. 정말 고맙고 감사한 일입니다.

20 사회 · 2012년 6월 5일 화요일 중앙일보

멈춰! 학교폭력
대구 서촌초 인성교육 3개월

대구시 중대동 서촌초등학교의 '아침 5분 명상' 모습. 4학년 어린이들이 지난 1일 수업 시작에 앞서 눈을 감은 채 명상하고 있다. 대구=프리랜서 공정식

수업 전 딱 5분 명상, 교실이 환해졌어요

짜증 줄어들고 다툼 사라지고
외톨이 아이도 친구 만들어

"자, 코로 천천히 숨을 들이마십니다. 친~천히 내~쉬고…' 숨 쉬면서 생각합니다. 나를 낳고 길러주신 부모님께 감사한 마음을 가집니다."

1일 오전 8시55분 대구시 동구 중대동 서촌초등학교 4학년 교실. 담임인 이상석(50) 교사가 학생들 사이를 오가며 속삭이듯 말한다. 나지막한 피아노 선율이 교실에 깔린다. 15명의 학급 학생들은 손을 무릎 위에 올린 채 꼼짝도 않는다. 이 학교의 '아침 5분 명상' 시간 모습이다. 서촌초의 '명상 실험'이 5일로 3개월을 맞았다. 이 학교 학생들은 명상으로 하루를 시작한다. 오전 8시55분이면 명상 시간을 알리는 방송이 나온다. 명상이 끝난 뒤에는 차나 음료수를 마시며 대화를 나눈다.

이 프로그램의 아이디어는 우동기(60) 대구시교육감과 송인수(53) 교장이 학교 운영 방안을 논의하다가 나왔다. 명상을 하면 아이들이 좀 더 차분해지고 친구와 관계도 개선될 수 있을 것으로 판단에서다. 마침 명상 전문기관인 '빛명상본부'(대표 정광호)가 학교 인근에 있었다. 송 교장은 '명상 본부에 찾아가 취지를 설명하고 지도를 부탁했다'며 '교사들이 먼저 배운 뒤 아이에게 가르쳤다'고 말했다.

팔공산 자락에 위치한 서촌초는 전교생이 68명이 다니는 학교다. 1921년 개교했지만 학생 수 감소로 폐교 위기에 놓였다가 지난해 5월 아토피 질환 치유학교로 바뀌었다. 이 학교에는 알레르기 비염, 아토피 피부염, 천식 등을 앓는 어린이가 33명으로 전체의 절반 정도다. 봄이 아프니 친구에게 짜증을 내고 다투는 아이도 많았다.

명상은 이런 분위기를 바꾸어 놓았다. 처음엔 눈을 뜨고 주위를 둘러보거나 왜 이러는 걸 하느냐고 묻는 어린이도 많았다. 하지만 한 달이 지나면서 산만했던 아이들이 차분해지고 친구들과 다툼도 사라졌다. 6학년 김종길(12)군은 '복잡했던 머리가 정리되고 마음이 편안해져 친구들과 사이좋게 지내게 됐다'고 말했다. 김영아(10·4년)양은 '명상을 하면 머리가 맑아져 공부에 도움이 된다'며 웃었다.

교사들은 명상 시간마다 아이들에게 친구·가족의 의미를 생각하도록 유도한다. 6학년 담임 김범진(33) 교사는 '지난해 따돌림을 당해 심리적으로 불안해했던 한 아이가 이제 스스럼없이 친구들과 어울린다'며 '명상의 힘을 실감하고 있다'고 말했다.

대구=홍권삼 기자 hongs@joongang.co.kr

빛명상 관련 언론 보도
(2012. 6. 5. 중앙일보 기사)

대구광역시 교육청과 빛명상본부 간 협약을 맺고 아이들에게, 초등학생들에게 빛명상을 통해 인성 교육을 하시는 분이지요. 그 감사한 마음에 빛명상을 하고 있는 학교를 취재해 중앙일보 사회 지면을 톱으로 장식해서 알려드렸습니다.

　마지막으로 빛^{viit} 선생님은 사람을 사랑할 줄 아는 분입니다. 지난 2013년에는 구족화가 전시회를 열어주셨지요. 입과 발로 그림을 그리는 구족화가들의 그림을 보고 장애를 딛고 자립과 희망을 일구는 그 위대성에 놀랐습니다. 사회에서 관심을 많이 갖지 않는 분들을 저렇게 찾아서 도움을 주시고, 그 구족화가님들도 직접 오셔서 가슴이 찡했습니다. 빛^{viit} 선생님과 구족화가님들의 인연을 보면서 사람을 사랑할 줄 아는 분이구나 생각했습니다.

　치유하고 예측하고 애국애족하며 교육하고 사람을 사랑하는 분, 빛^{viit} 선생님의 『행복예보 생활한역』 출간을 진심으로 축하드립니다.

2장

뽑기에 숨겨진 위대한 비밀

한역팔목의 핵심은 빛viit이다. 우리가 원래의 빛마음으로 돌아가 목을 뽑으면 어떤 논리나 이성으로 풀 수 없었던 해답이 의식의 수면 위로 올라와 선명히 드러난다.

당신의 내면은 이미 답을 알고 있다

한역팔목은 생명 본능이 이끄는 방향을 우리에게 말해준다. 마음 깊은 곳에서 잠자고 있는 우리 내면의 빛마음이 일러주는 소리, 우주의 숨소리, 진정한 내면의 목소리를 일깨워 들려준다. 우리는 그것을 따르면 된다. 당신의 내면은 이미 답을 알고 있다. 한역팔목은 그 내면의 보이지 않는 정답을 수면 위로 끌어올려주는 역할을 할 뿐이다.

족집게 문어와 펠레의 굴욕

2010년 남아프리카공화국 월드컵, 세계 최고의 선수들이 모여 각축전을 벌인 그곳에서 누구보다도 세계인의 이목을 집중시킨 의외의 주인공이 있었으니, 바로 독일의 한 수족관에 살고 있는 문어 '파울'이다. 이 문어는 독일이 치른 예선전에서 결승전까지 모두 8경기의 승부를 단 한 번도 틀리지 않고 맞히는 신기神技를 발휘했다. 확률로 따지면 256분의 1, 약 0.39%에 불과하다. 파울은 단순히 결과뿐만 아니라 경기의 흐름까지도 어느 정도 예측하여 그 유명세가 더욱 높아졌다. 언론은 파울이 결승전 승자를 점치는 장면을 생중계하고, 동물학자를 동원해 파울의 예지력에 대한 비밀을 캐는 등 법석을 떨기도 했다.

한편 이러한 파울의 승승장구와는 대조적으로 '축구황제' 펠레의 예측은 자신의 별명에 걸맞지 않은 오측의 연속이었다. 예측하는 족족 승패가 빗나가는 바람에 '펠레의 저주'라는 비아냥거림도 감수해야 했다. 물론 펠레는 그라운드에서 선수로서뿐만 아니라 축구 지도자로서도 오랜 세월 명성을 쌓아온, 명실공히 세계 최고의 축구 전문가다. 하지만 결과만 놓고 보자면 그의 분석력이 문어 한 마리보다도 못했던 셈이니 이런 불명예가 어디 있을까?

과연 문어 파울은 앞날을 점치는 초능력을 지닌 것일까? 일반적으로 동물도 생명과 직결된 부분에 있어 예지력을 지닌다. 개미가 높은

남아공 월드컵 최고 화제의 스타로 떠오른 족집게 문어 '파울'이 9일 독일 오버하우젠 해양생물 박물관에서 진행된 결승전 예측에서 스페인 국기가 들어 있는 상자를 열고 있다. 파울은 스페인의 우승은 물론이고 독일의 7경기(5승 2패) 결과를 모두 맞히는 신통한 능력을 뽐냈다. 오버하우젠=EPA 연합뉴스

곳으로 올라가면 장마를, 낮은 곳으로 가면 심한 가뭄을 의미한다. 까치가 집을 지을 때 남쪽으로 입구를 내면 북풍이 강하게 불 것이고 북쪽으로 입구를 내면 남풍이 강하게 불 것을 의미한다. 또한 고양이는 수맥에 대한 감각이 남다른 것으로 알려져 있다. 하루 중 수면으로 대부분의 시간을 보내는 고양이는 잠을 자면서도 주위에 대한 경계 태세를 늦추지 않기 위해 일부러 수맥이 흐르는 자리를 골라 잠을 자는 경향이 있다. 수맥은 깊은 숙면을 방해하기 때문에 대부분의 동물들이 피해서 생활하는 반면 고양이는 이를 역이용해 자신의 안전을 도모하는 것이다. 또 다른 예로 집 안에서 기르던 토끼가 하루는 유난히 불안해하며 밖으로 나가고 싶어 하기에 마당으로 나왔는데 잠시 후 강한 지진이 일어나 집이 무너져 내려 목숨을 구한 극적인 경우도 있다. 이 밖에도 몇 개월, 길게는 몇 년씩 긴 여행을 한 끝에 사람도 쉬이 가기 힘들만큼 멀리 떨어진 주인을 찾아온 개나 고양이의 이야기는 놀라움을 넘어 감동마저 준다.

이처럼 동물의 초월적 감각은 생존이나 본능과 직결되는 경우가 대부분이다. 하지만 수족관 속 문어의 생존과 본능에 월드컵이 어떤 연관 관계가 있다는 것일까? 아무래도 문어 파울의 예지력은 인간의 머리나 과학으로 설명하기 힘든 미스터리임에 틀림없다.

인간 내면의 예지력

동물도 예지 본능이 있는데, 하물며 인간의 예지력은 어떻겠는가.

우리는 생활 속에서 발현되는 예지력을 어렵지 않게 만날 수 있다. 대표적인 것이 꿈이다. 내면에 잠재되어 있던 예지력이 꿈을 통해 발현되는 것이다. 예를 들어 임신한 사실을 모르는 상태임에도 큰 송아지가 품에 들어온다든지, 탐스러운 과일이나 꽃을 한아름 딴다든지 하는 식의 태몽을 꾸는 경우가 그렇다. 비슷한 예로 돼지꿈을 꾼 후에 복권에 당첨이 되거나 시험에 합격한다든지, 오래전 돌아가신 조상들을 꿈에서 본 후 몇 백 년 묵은 산삼을 캔 심마니의 이야기도 종종 접하게 된다.

이외에도 교통사고나 대형 참사를 눈앞에 두고 무언가 좋지 않은 예감이 들어 천만다행으로 피해 갔다는 사람, 반대로 무언가 불길한 예감이 들었지만 이를 무시하였다가 큰 봉변을 당했다는 사람들의 이야기도 종종 듣게 된다. 이것은 모두 우리 내면에 보이지 않는 직관의 힘, 미래를 바라보는 제3의 눈이 존재하기 때문인데, 이 예지력을 잘 활용하면 절체절명의 위기나 어려움에서 벗어나는 등 큰 혜택을 누릴 수 있다.

베트남전에 하나뿐인 아들을 보낸 어머니가 있었다. 전쟁터 한가운데로 아들을 보낸 어머니는 아들이 무사하기를 빌며 밤마다 뒷마당 장독대에 정화수 한 그릇을 떠놓고 지극하게 정성을 올렸다. 그러던 어느 날이었다. 그날도 어머니가 온 마음을 다해 천지신명께 빌고 있는데, 문득 눈앞에 아들이 있는 전쟁터가 펼쳐졌다. 사방에서 총알이 날아오는 가운데 어쩔 줄 몰라 하는 아들의 모습을 보고 어머니는 자신도 모르게 "엎드려!" 하고 힘껏 고함을 질렀다. 어머니가 다시 정신을 차렸을 때 사방은 평소와 같이 고요했고, 조금 전에 본 장면은 어디론가 사라지고 없었다.

이후 아들은 전쟁터에서 무사히 살아 돌아왔다. 그리고 치열한 전쟁터에서 생사가 오갔던 위험천만했던 순간을 어머니에게 털어놓았다. 그날 밤 아들은 자신이 속한 부대원이 거의 목숨을 잃을 만큼 치열한 접전장 한가운데 있었다. 적이 갑자기 기습 공격을 해와 정신이 없는 그 순간, 어디선가 "엎드려!" 하는 어머니의 외침이 들리더라는 것이다. 그는 자신도 모르게 어머니의 말에 따라 몸을 납작 엎드렸고, 순간 머리 위로 총알이 쌩 하고 날아가 가슴을 쓸어내렸다고 했다.

아들에게 그 신기한 일이 일어난 시간은 어머니가 정화수를 떠놓고 정성을 올리던 시간과 정확히 일치했다. 어머니의 지극한 모성이 아들의 위험을 본능적으로 예견했을 뿐만 아니라 기적적으로 그 위험을 모면하게 해준 것이다.

이처럼 우리 모두의 내면에는 보이지 않는 직관의 힘, 미래를 바라보는 제3의 눈, 예지력이 존재한다. 다만 그 예지력이 언제 발현될지 알 수 없거나 통제할 수 없을 뿐이다.

미래를 손 안에 쥐었던 명예언가들

역사 속에는 남달리 예리하고 정확한 예지력으로 후세에까지 이름을 떨친 이들이 있다. 16세기 프랑스의 명예언가 노스트라다무스가 대표적이다. 그는 자신의 죽음이나 후원자의 죽음 등 비교적 가까운 일을 예언했을 뿐만 아니라 프랑스혁명, 나폴레옹의 등장과 교황 요한 바오로 2세의 충격 테러, 보스니아 전쟁, 9.11 테러에 이르기까지 굵직한 사건들을 정확히 예언해 세상을 떠난 지 500년이 훌쩍 넘은 오늘날까지도 많은 이들의 관심을 받고 있다.

노스트라다무스와 같은 시대, 지구 반대편의 조선에 또 다른 명예 언가가 있었으니, 당대 최고의 천문지리가이기도 했던 격암 남사고南師古이다. 남사고는 어릴 적 한 노승을 만나 하늘과 땅과 인간의 비밀을 담은 세 권의 비기秘記를 전해 받고 조선 팔도를 떠돌아다니며 천문, 지리, 인간의 지혜를 깨우쳤다.

이후 남사고는 신기에 가까운 예언을 적중시켜 이름을 떨치게 된다. 그중 하나는 조선에 당파가 생겨나리라는 것, 또 다른 하나는 왜적이 전란을 일으키는데 용辰의 해에 일어나면 나라를 구하지만 뱀巳의 해에 일어나면 나라를 구하지 못한다는 것이다. 실제로 조선 선조 때 동인과 서인의 분당이 일어나 정치가 혼란스러워졌고, 이를 틈타 선조 25년인 임진년에는 왜구들이 쳐들어와 큰 변란이 일어났다. 그나마 불행 중 다행인지, 남사고의 예언대로 뱀의 해가 아닌 용의 해에 변란이 일어났기 때문에 완전히 망하는 것은 면하였지만 온 나라와 백성이 초토화되다시피 하였다.

남사고와 같은 시대의 인물인 율곡 이이 또한 왜구의 침입을 미리 알고 이를 대비하고자 십만양병설을 주장한 것으로 잘 알려져 있다. 실은 율곡이 그러한 주장을 하게 된 데는 남사고의 영향이 컸다. 하지만 당시 무능력한 선조를 둘러싸고 부패한 고관 신료들은 율곡의 직언을 받아들이지 않았고, 결국 율곡은 나름대로 전쟁에 대비하는 수밖에 없었다.

율곡은 집안 대대로 내려오던 임진강변의 화석정花石亭을 보수한 후 틈이 날 때마다 이곳을 찾았고, 이 정각에 송진을 먹여 반들반들 윤이 나도록 해놓았다. 이후 선조가 왜구에 쫓겨 칠흑 같은 어둠 속에서 임진강을 건너야 하는 상황이 되었다. 때마침 송진을 잔뜩 먹여놓은 화석정에 불을 지르니 주위가 대낮처럼 밝아져 선조가 무사히 강을 건널 수 있었다. 그 덕택에 선조가 목숨을 부지하였음은 물론 나라가 망하는 것만은 막을 수 있었으니, 남사고와 율곡 이이의 예지력이 빛을 발하는 순간이었다.

세상의 종말과 수녀님의 천서

흔히 예언의 끝에는 지구 종말에 대한 이야기가 등장하곤 한다. 한때 노스트라다무스의 예언을 등에 업은 1999년 세계 종말론, 휴거 등이 대단히 인기를 끌었다. (당시 『초광력, 빛으로 오는 우주의 힘』 본인의 저서에서 일찌감치 종말도 영생도 없고 본인이 죽는 날이 세상 종말이라고 밝힌 바 있다.) 그런데 이제 그 시점이 2012년으로 옮겨졌다. 그 배경에는 고대 마야인들의 달력, 진위가 의심되는 격암유록(실제 남사고가 쓴 것이 아닌 후세인들의 위작이라는 평가가 지배적이다) 등 여러 비서들이 자리하고 있다. 그러나 그 모든 것(신서神書, 영서靈書, 비서秘書)위에는 '우주의 힘'이 왔기 때문인지도 모른다는 생각이 요즘 와서 느껴진다.

필자 역시 오래전 한 수녀님으로부터 미래의 어두운 모습을 담은 천서天書를 받은 적이 있다. 그런데 그 책이 쓰인 과정이 참으로 독특했다. 그 수녀님은 무언가가 잔뜩 적힌 도톰한 노트 한 권을 내밀며 선뜻 믿기 힘든 이야기들을 쏟아내기 시작했다.

"저는 정확히 한 달 후 세상을 떠날 것입니다. 저는 다만 이 책의 주인을 찾아 빛viit선생님께 온 것이니, 부디 이 책을 요긴하게 사용해주십시오."

그 수녀님은 절대자에게 오직 침묵과 기도만을 바치는 무척 정갈하고 엄격한 폐쇄 수녀원에서 지내고 있었다. 그러던 어느 날 밤 이상한 일이 일어났다. 소등 시간이 지나 사방이 깜깜하고 불빛 한 점 없는데, 어디선가 선명한 음성이 들려온 것이다.

"받아 적으라."

"무엇을 적으라는 말씀이십니까?"

"지금 내가 말하는 것을 적으라."

"이 칠흑 같은 어둠 속에 어떻게 적는다는 말씀이십니까?"

"걱정할 것 없다. 시키는 대로 받아 적기만 하라."

이후 수녀님은 매일 밤 자신도 모르는 어떤 힘에 이끌려 살그머니 일어나 책상 앞으로 가 앉았다. 그리고 무언가를 받아 적고 그리기 시작했다. 수녀님은 그저 펜이 움직이는 대로, 머릿속에 그려지는 대로 손을 놀릴 뿐이었다. 다음 날 아침이 되면 간밤에 있었던 일들이며 기록한 내용들은 전혀 기억나지 않았다. 그런데 더욱 이상한 것은 그 내용을 기록한 언어를 도무지 해독할 수 없다는 점이었다. 아주 능숙한 필치로 휘갈기듯 써내려간 길고 긴 그 글에는 세상의 운명과 다가올 혼란, 어려움이 담겨 있다는 것만 어렴풋이 기억날 뿐이었다.

기록이 한 권의 책으로 완성된 후 수녀님은 곧장 이 사실을 원장 수녀님에게 알렸다. 그리고 곧 그 책은 추기경님을 거쳐 로마 교황청으로 올라갔고, 이후 고대 히브리어를 통달한 구약 해독의 전문가에게까지 도달했다. 하지만 얼마 지나지 않아 그 책은 다시금 수녀님의 손으로 되돌아오고 말았다. 누구도 그 내용을 해독할 수 없었기 때문이다. 분명 그 기록이 하늘의 뜻을 담은 천서天書이고, 따라서 본래의 목적에 맞는 주인이 찾아가리라 확신하고 있었던 수녀님은 책이 되돌아오자 크게 낙담하고 말았다.

　그러던 어느 날 밤, 수녀님은 한 신자가 선물한 책을 읽다가 살포시 잠이 들었다. 그런데 꿈결에 다시금 예전의 그 목소리가 들려 눈을 떴다. 머리맡에 놓아둔 책에 빛줄기가 따라 내려오고 있었다.

　"혹시 이 책이?"

　수녀님은 정신없이 그 책을 읽어 내려갔고, 비로소 자신이 적어놓고도 알아볼 수 없었던 천서天書의 주인이 다름 아닌 이 책의 저자라는 생각이 들었다.

　날이 밝기를 기다려 수녀님은 길을 나섰다. 품 안에는 자신이 적어내린 천서와 간밤에 빛줄기가 내린 책, 이렇게 두 권이 있었다.

　"이 책을 쓰신 분이 맞습니까?"

　수녀님이 내 앞에 『빛으로 오는 우주의 힘, 초광력』을 내려놓으며 말했다. 내가 고개를 끄덕이자 수녀님이 조금 상기된 표정으로 말을 이었다. 간밤에 이 책에 빛줄기가 내리는 것을 보았고, 그 광경을 보며 이 책을 쓰신 분을 만나면 하늘이 내린 기록을 올바르게 써줄 주인을 만날 수 있음을 직감했다고 했다.

"이 천서의 주인은 빛[viii] 선생님이십니다."

"제가요?"

의아했다. 주인이라면 이 기록의 내용 또한 알아야 할 텐데 그 책을 아무리 들여다보아도 아무 뜻도 의미도 알 수 없었다.

"저는 제가 할 일을 다 하였습니다. 저는 곧 이 세상을 떠날 것입니다."

이후 시간이 흘러 기억이 차츰 희미해질 즈음 수녀님은 자신의 말처럼 꼭 한 달 후 세상을 떠났다. 원인은 급성으로 진행된 암이었다. 병원에 갔을 때는 이미 온몸에 암이 퍼진 상태여서 제대로 손 쓸 겨를도 없었다.

그렇게 수녀님의 천서는 내 손에 남게 되었다. 참 이상하기도 하고 난감한 일이었지만 로마 교황청에서도 해독하지 못한 이 책을 나라고 달리 읽어낼 재간이 있을까. 그저 책장에 고이 보관해둔 채 그렇게 수십여 년의 세월이 흘러갔다.

2010년 1월 30일, 빛[viii]과 함께 살포시 졸음에 빠져 있는데 문득 오묘한 우주마음의 느낌이 스며들어왔다.

'수녀님의 책을 찾으라!'

얼른 수녀님의 천서를 꺼내 옆에 펴놓고 빛명상에 들었는데, 이번에는 밖으로 나가보아야겠다는 생각이 강하게 일었다. 밖으로 나가 하늘을 바라보니 달 주위로 원형의 달무리가 크고 환하게 떠 있었다. 매우 환한 달 주위로 오색의 빛깔이 아련히 배어든 원형 테두리가 나타나 있어 아름답고 황홀한 모습이었다. 그것은 빛[viii]과 함께할 때면 간혹 나타나는, 여러 차례 목격한 바 있는 빛[viii]의 자연현상이기도 했다.

빛^{viii}과 함께 깊은 고요에 잠겼다. 그리고 그 과정에서 지난날 아무리 애써도 알 수 없었던 천서의 의미가 머릿속에 들어왔다. 그 순간을 놓치지 않고 얼른 메모지를 찾아 기록하였다.

종말은 없다. 하지만…

여러 세기의 예언서들이 지구와 인류의 종말을 예고하고 있다. 하지만 우주마음의 느낌으로는 지구의 종말이란 존재하지 않는다. 갑작스레 지구 축이 움직이지도, 하늘과 땅이 뒤틀리듯 천지개벽이 일어나지도 않을 것이다. 다만 지구가 하루가 다르게 병들어가고 그 속에서 살아가는 우리 인간들의 삶 또한 걷잡을 수 없이 병들어가게 된다. 눈앞에 닥친 일에 급급한 나머지 자신도 모르게 깊은 불안과 고통의 그림자가 드리워지고 있는 것을 깨닫지 못하는 것이다.

인류 전체의 의식이 깨어나고 인간의 삶 전반에 걸쳐 혁신이 일어나지 않는다면 아마도 그 끝은 수녀님의 천서에 그려진 혼란한 미래와 다름없을 것이다.

그런데 수녀님은 왜 굳이 나에게 그 책을 전하고자 했을까? 그 의미를 곰곰이 생각해보다 비록 어려움이 다가오더라도 그 혼란한 미래를 빛^{viii}과 함께 대비하라는 의미가 아닐까 짐작해본다. 천서가 말하고 있는 암울한 미래는 말 그대로 아직 도래하지 않은 앞날에 펼쳐질 하나의 가능성일 뿐, 미래는 아직 다가오지 않았기에 충분히 바꾸어갈 여지가 남아 있다. 그러니 빛^{viit}과 함께 희망을 잃지 말고 다가올 어려움과 한계를 뛰어넘으라는 의미가 아니겠는가.

우리가 미래에 대해 알고자 하는 이유는 바로 그 미래를 풍요롭고 행복하게 만들어가기 위해서다. 임진왜란을 예견했던 남사고의 예지력이 남달리 뛰어났고 이율곡의 십만양병설이 제아무리 의미 있는 충언이었다 한들 당쟁과 권력 다툼에 눈과 귀가 먼 이들에겐 오히려 그 모든 것들이 귀찮은 일에 불과했을 것이다. 그러니 아무리 정확한 예지력이 발현된다 한들 실제적으로 전란을 방비하는 데 도움이 되지 못했다면 무슨 소용이겠는가?

따라서 이 책에서 이야기하고자 하는 빛의사결정의 도구인 한역팔목의 궁극적인 목적은 단순한 흥밋거리나 결정론에 빠진 염세주의가 아니다. 지금 우리가 살아가고 있는 현실과 다가올 미래를 우주근원의 에너지 빛^{viit}과 함께 지혜롭게 준비하고 대처하자는 것이다.

그러기 위해서는 빠르고 정확하며 지혜로운 의사결정을 내릴 수 있는 능력을 개인은 물론 사회, 국가 전체가 지녀야 한다. 그렇게 할 수 있는 힘이 곧 다가올 미래의 풍요, 국가 경쟁력과 직결되기 때문이다. 무엇을 선택하고 어떻게 행동하며 우리의 미래를 어떻게 바꾸어나갈 것인가? 또한 우리는 이 지구에서 주어진 한 번뿐인 삶을 어떻게 살아나갈 것이며, 또한 어떤 세상을 만들어 우리 후손들에게 물려줄 것인가?

한역팔목은 이러한 질문 앞에 그 생명 본능이 이끄는 방향을 우리에게 말해준다. 마음 깊은 곳에서 잠자고 있는 우리 내면의 빛^{viit}마음이 일러주는 소리, 우주의 숨소리, 진정한 내면의 목소리를 일깨워 들려준다. 우리는 그것을 따르면 된다. 당신의 내면은 이미 답을 알고 있다. 한역팔목은 그 내면의 보이지 않는 정답을 수면 위로 끌어올려 주는 역할을 할 뿐이다.

6,000년 뽑기의 비밀

한역팔목의 원리에 있어 핵심은 빛^{viii}이다. 우리가 원래의 빛마음으로 돌아가 목目을 '뽑으면' 여덟 개의 목目에 담긴 빛^{viii}이 우리 내면의 빛마음과 맞물리면서 어떤 논리나 이성으로는 풀 수 없었던 해답이 올라온다. 가장 지혜로운 선택이 의식의 수면 위로 올라와 선명히 드러나는 것이다.

'뽑기'에 숨겨진 위대한 비밀

빛의사결정학의 핵심도구라고 할 수 있는 한역팔목은 오랜 시간에 걸친 노력과 정성으로 집대성된 도경의 비서와 8개의 목目으로 이루어져 있다. 하지만 이것은 눈에 보이는 부분일 뿐, 그 8개의 목을 움직이는 보이지 않는 힘은 내 안의 진정한 나, 빛마음이다. 빛마음은 '내 생각이 담기기 이전의 나'로 가장 순수하고 지혜로우며 미래에 대한 정확한 예지력을 갖추고 있다. 그런데 문제는 우리의 의식이 깨어 있을 때는 이 빛마음의 예지력이 잘 드러나지 못한다는 점이다. 이때 빛^{viii}이 봉입된 의사결정도구 한역팔목은 내 안의 빛마음이 어떠한 선택을 내리고 있는지 드러내주는 역할을 한다.

따라서 한역팔목의 원리에 있어 핵심은 빛[viii]이다. 우리가 원래의 빛마음으로 돌아가 목目을 '뽑으면' 여덟 개의 목目에 담긴 빛[viii]이 우리 내면의 빛마음과 맞물리면서 어떤 논리나 이성으로도 풀 수 없었던 해답이 올라온다. 가장 지혜로운 선택이 의식의 수면 위로 올라와 선명히 드러나는 것이다.

 대부분의 경우 빛마음은 일상 속 여러 가지 일과들, 생각들 그리고 우리를 둘러싼 여러 잡다한 유해 파장들에 의해 가려져 있기 십상이다. 그래서 목目을 뽑기 전 빛명상에 들어 조용히 마음을 가라앉히는 시간을 가지는 것이 좋다. 이때 내 마음은 가능한 한 중립적이어야지 어떤 특정한 답을 품고 있어서는 안 된다. 어느 한쪽으로 치우친 생각이나 의도, 원하는 결과를 마음에 담고 있다면 한역팔목은 올바른 길이 아니라 당신 마음속에 담긴 뜻을 드러내줄 뿐이다. 따라서 정확한 결과를 얻고자 한다면 목目을 뽑는 순간만큼은 아무 생각도 하지 않고 그저 편안하게 엄마 품속에 안긴 아기 같은 마음이어야 한다.

 물론 이것이 말처럼 쉽지만은 않다. 그러므로 처음에는 약간 연습을 해보는 것도 좋다. 가장 효과적인 방법은 바로 우주 근원의 에너지 빛[viii]과 함께하는 빛명상viii meditation이다. 일반적으로 빛명상은 5분 내지 10분의 짧은 시간이면 충분한데, 만약 그것으로 부족하다면 좀 더 고요한 마음이 들 때까지 빛명상을 해본다. 그래도 잘되지 않는다면 맑고 잡념이 없는 어린아이 혹은 나와 이해관계가 없는 제3자를 통해 대신 목目을 뽑게 하는 것도 한 방법이다.

 이러한 한역팔목의 원리를 인간의 뇌파의 관점에서 설명해볼 수도

베타파(Beta 15-30Hz)
정상적인 의식 상태

알파파(Alpha 9-14Hz)
명상, 집중, 기도 등 안정된 의식 상태

세타파(Theta 4-8Hz)
깊은 명상, 창조력 발현, 의식과 잠재의식
의 중간 상태

델타파(Delta 1-3Hz)
깊은 수면상태

뇌파의 종류

있다. 인간의 마음을 뇌의 작용으로 보고 이를 연구하는 학자들은 인간의 내면(마음)을 '뇌파'라고 하는 뇌의 전기 활동으로 설명한다. 뇌파는 1초에 뇌파가 몇 번 뛰느냐에 따라 그 종류가 달라진다.

우리가 일상생활을 할 때에는 베타Beta파가 가장 많이 발생된다. 15~30Hz의 사이클을 보이는 베타파는 보고, 듣고, 말하고, 만지고, 냄새 맡는 오감이 살아 있을 때 가장 많이 발생되는 파장이다. 그런데 이렇게 베타파가 활발하게 발생되고 있을 때는 깊은 내면 의식으로 침잠해 들어가기가 쉽지 않다.

하지만 명상을 하게 되면 이때부터 베타파보다는 조금 느린 9~14Hz정도의 알파Alpha파가 발생하기 시작한다. 우리가 명상을 할 때 번잡스럽던 마음이 편안해지고 안정이 된다고 느끼는 이유 중 하나가 바로 뇌파가 바뀌기 때문이다. 알파파는 명상뿐만 아니라 집중해서 공부하거나 기도할 때, 깊은 생각에 침잠했을 때 발생한다.

알파파보다 조금 더 느린 파장이 바로 세타Theta파다. 대략 4~8Hz 정도의 사이클을 보이는 이 파장은 의식과 잠재의식의 구분이 명확하지 않는 중간선상에서 발생되는 파장이다. 이때 우리의 두뇌는 의식이 깨어 있을 때는 억눌려 있던 깊은 내면 의식이 자유롭게 발현되면서 제6의 감각인 내면의 예지력이 발현된다. 우리가 빛명상을 통해 내면에 잠자고 있는 예지력을 일깨우는 것도 바로 이러한 원리다.

일반적으로 세타파는 초능력 파장으로도 알려져 있다. 세타파가 분출될 때 뇌신경세포의 사용은 의식 상태보다 더욱 활발해진다. 즉, 우리의 두뇌가 시간과 공간을 초월하여 사물을 인지할 수 있게 되기도 하고 무엇보다도 평소에는 잘 떠오르지 않던 발상, 창조적인 아이디어가 샘솟는다. 두뇌가 활발하게 작용하며 지극히 창조적인 상태가 되는 것이다.

일반적인 명상을 할 때보다 빛viit과 함께하는 빛명상을 하게 되면 세타파가 더욱 활성화되며 내면의 예지력도 더욱 잘 드러나게 된다. 훈련을 통해서가 아니라 우주 근원의 생명 에너지 빛viit이 그렇게 되도록 도와주기 때문이다.

이처럼 빛명상을 통해 우리 내면의 예지력이 발현되는 원리를 현재 일부 학자들이 밝혀놓은 뇌파를 통해 설명할 수도 있다. 그런데 여기서 주의해야 할 것 한 가지는 우리 내면에 있는 진정한 나인 빛마음이 곧 뇌파의 작용은 아니라는 것이다. 뇌파만으로는 인간의 마음에 담긴 무한한 생명을 설명할 수 없다.

우리의 마음은 눈에 보이지 않는 비물질이며, 물질이 아닌 것을 물질적인 것으로 입증하고자 할 때는 분명 한계를 지닐 수밖에 없다. 우리가 나뭇잎이 팔랑이는 것을 보고 바람의 존재와 세기, 방향 등을 짐작할 수는 있지만 그렇다고 해서 나뭇잎이 흔들리는 것이 곧 바람은 아닌 것과 마찬가지다.

뇌파와 우리 마음의 관계도 이와 같다고 보면 된다. 우리 마음의 상태에 따라 뇌파의 움직임이 빨라지기도 하고 느려지기도 한다. 뇌파의 상태를 통해 우리 내면의 상태가 어떠한지 짐작해볼 수는 있지만 그렇다고 뇌파가 곧 우리의 마음이라고 말할 수 있는 것은 아니다.

빛마음은 뇌파는 물론 우리의 신체 전체를 살아 움직이게 하는 원천의 에너지다. 우리의 몸을 구성하는 데 있어 그 어떤 육체의 기관보다 두뇌가 중요한 역할을 하는 것은 사실이나 어디까지나 두뇌도 육체의 한 기관에 불과할 뿐 두뇌의 작용이 곧 인간의 마음은 아니다.

아직도 발전을 계속해야 하는 현대 과학의 수준에서 마음의 신비를 풀기에는 아직 한계가 있다. 아무리 과학이 발달해도 생명 자체에 대해서는 절대 넘을 수 없는 근원의 영역이 있음을 인정해야 한다.

주인을 알아보는 한역팔목

한역팔목에는 빛[viii]이라는 에너지를 통해 우리 내면의 순수한 예지력을 표출해주는 정보가 담겨 있다. 이러한 한역팔목의 원리는 1922년 프랑스 수학자 카탄Eli Cartan이 발견한 토션장Torsion Field으로 보다 쉽게 설명된다.

일반적으로 물리학에서는 자연계에 4가지의 힘(중력, 전자기력, 약력, 강력)이 존재한다고 말하는데, 토션장에서 발생되는 파장인 토션파는 이에 속하지 않는 제5의 힘이다.

토션파는 또 다른 표현으로 스핀spin파라고도 하는데, 모든 물질에 존재하는 원자의 핵을 중심으로 전자가 회전하고 있고 이 회전에 의해 발생되는 파장이다. 따라서 우주에 존재하는 모든 물질, 생명체, 물에는 토션파가 존재한다.

1980년대 러시아의 아키모프A. Akimov박사와 노벨물리학 수상자 프로크로프A. Prokhrov박사에 의해 본격적으로 연구된 토션파는 매질이 없는 공간에서도 전달되기 때문에 속도가 빛보다 엄청나게 빠른 것으로 알려져 있다. 토션파는 2차원적인 특정 도형에서 발생할 수도 있고, 피라미드와 같은 3차원적인 공간의 특이한 배치에 의해서도 발생한다.

또한 토션파는 에너지를 직접 운반하지는 않고 단지 스핀이나 회전의 배열 상태로 정보를 전달해 대상의 상태 변화를 유도하는 방아쇠와도 같은 역할을 하기 때문에 직접적인 에너지의 변화는 없더라도 전달받는 물질의 스핀 상태는 변할 수 있으므로 토션장이 형성된다.

러시아를 중심으로 이미 일부 과학자들은 토션파를 생활 속에서 활용하고 기존 물리학으로 해결할 수 없었던 난제들을 푸는 데 적극 활용하고 있다. 또한 그들은 토션파를 통해 인간의 육체에 지속적으로 변화하며 움직이는 전자기장, 즉 기氣나 인도 요가에서 말하는 프라나prana, 초심리학에서의 사이PSI, 그리고 최근 미국에서 말하는 영성靈性이라는 개념을 설명할 수 있다고 말한다.

토션파의 발견은 곧 마음이 가는 곳에 힘이 가고, 지구상에 존재하는 모든 물질에는 정보(의미)가 담길 수 있다는 아주 기초적인 우주 에너지의 원리에 대해 현대 과학이 한 발자국 가까이 다가선 것으로 볼 수 있다.

토션파의 원리는 우주근원의 에너지인 빛viii에도 일부분은 적용되기 때문에 우리의 생각이 일어나는 그 순간 바로 전달된다고 보면 된다. 이러한 연구결과로는 우주 근원에서 오는 빛을 모두 설명할 수 없겠지만 그 일부분이라도 조금씩 과학적으로 증명해 가고 있다는 것은 고무적인 일이라 하겠다.

우리가 한역팔목을 통해 목目을 뽑을 때 그 팔목 안에는 우리의 내면 가장 깊은 곳의 빛마음이 지닌 예지력과 맞닿아 가장 올바르고 지혜로운 답을 이끌어내도록 만드는 정보가 심어져 있다고 보면 된다. 따라서 한역팔목은 많은 사람들이 함께 사용하기보다는 가능하면 한 사람이 주인이 되어 전용으로 사용하는 것이 좋다. 한역팔목도 자신의 주인이 누구인지를 기억하고, 그 주인의 마음을 가장 잘 읽어낼 수 있는 상태로 최적화되기 때문이다. 즉, 각 사람마다 성격, 외모, 내면 상태 등 각기 고유의 정보를 지니고 있기 때문에 일단 한역팔목이 어느 한 사람이 지닌 정보에 익숙해지게 되면 이후로 그 주인에 관련된 정보를 가장 예민하고 정확하게 뽑아내게 된다는 것이다.

같은 맥락에서 한역팔목에 대해 혹여 불신하거나 반신반의하는 마음으로 뽑는다면 의미가 없다. 주인의 부정적인 파장이 팔목에 닿는 순간, 팔목 역시 부정적인 반응을 보이기 때문이다.

또한 단순히 내가 바라거나 얻고 싶은 내용을 구하겠다는 마음, 들기에 유쾌한 내용은 받아들이겠지만 그렇지 않은 내용은 무시하겠다는 마음가짐은 바람직하지 않다. 진심으로 내 마음 안에 있는 빛마음이 이 팔목을 통해 순수하게 발현될 수 있음을 전적으로 신뢰해야 한다. 그래야 이 팔목 또한 그 주인이 보내준 긍정적인 정보를 받아들여 믿을 수 있는 긍정적인 정보를 되돌려 보내준다.

운명의 세 갈래 길

한역팔목의 답이 원하는 대로 좋게 나왔다고 해서 교만할 것도, 좋지 않게 나왔다고 절망할 것도 없다. 한역팔목을 통해 우리가 얻고자 하는 것은 앞날의 어떤 정해진 길이나 무조건적인 것이 아니다. 우리는 이 과정을 통해 삶에 대한 보다 겸허한 자세와 어려움을 넘어서는 희망과 지식을 앞서는 지혜, 진정한 우리 내면의 빛마음이 지닌 통찰력을 배울 수 있다.

한역팔목과 삼목

한역팔목은 삼목三目과 팔목八目, 두 종류로 나뉜다. '삼목三目'은 1점에서 3점까지 세 개의 목目 중 하나를 뽑아 답을 보는 것으로, 언제 어디서나 간편하게 의사 결정할 수 있도록 쉽게 방향을 선택하는 것이다. 팔목八目은 총 8개의 목을 잡고 그 중 2개를 뽑아 그 목을 보고 미래를 예지하여 중요한 의사 결정을 한다. 여기에서는 누구에게나 간편한 삼목을 이야기하기로 한다.

삼목은 답을 구하고자 하는 문제에 대해 대략적인 답을 구하고자 할 때 사용한다. 상세한 해답보다는 대략적인 방향을 구한다고 보면 된다.

일반적으로 세 개의 목은 각각 다른 의미를 띤다. 첫째는 된다(긍정적이다, 하라, 행운이 온다), 둘째는 안 된다(어렵다, 하지 말라, 불행이 온다), 셋째는 보류하라(재고하라, 길흉 반)이다.

• 한역삼목韓易三目의 비법

번호	핵심	참고사항
1 .	긍정	된다, 시작, 가능, 진행, 얻는다, 확장, 길, 순탄, 매매, 이익, 화합, 성사, 순산, 진학, 승진, 소식, 화해, 합격, 당선, 성공, 변동수
2 ..	부정	안된다, 어렵다, 불길, 조심, 위험, 손해, 관재, 이별, 난산, 중단, 송사, 안온다, 주색경계, 현직고수, 겸손하라, 패배, 외출삼가, 여행삼가, 탑승삼가, 피하라, 덕행하라
3 ...	검토	원점에서 재검토, 침착, 평범, 조심하면 넘긴다, 시일요구, 무해무득, 곤란하다, 사전예방, 보통, 길흉반, 현상유지, 화해하라, 늦다, 양보, 대기상태, 이익없다, 노력, 어려운 상대(경쟁자)

먼저 삼목을 뽑아 본 뒤 더 자세한 내용이 궁금하다면 이 때 팔목을 뽑아본다. 팔목은 8개의 목을 두 번 뽑아 그 내용에 해당하는 64가지 결과를 도표에서 찾아 참고로 하면 된다. 삼목을 뽑았을 때 1번, 즉 긍정의 결과를 얻어놓고도 경우에 따라 그 결과가 어떠한 식으로 진행될지는 달라질 수 있다. 따라서 팔목은 보다 자세한 부분의 결과를 알 수 있으며, 그에 따른 자신의 마음가짐과 대비 방법도 달라지게 될 것이다. 이때 주의할 것은 자신이 원하는 결과가 나오지

않았다고 해서 목을 중복해서 뽑거나 한
역의 목目 자체를 무시 또는 폄하하는
마음을 갖지 않아야 한다는 점이다.

한역팔목은 그 주인이 원래의
순수한 마음으로 돌아가 삼목을
가장 신뢰하고 긍정할 때 그에 상
응하는 정직한 답을 보내도록 정보
가 심어져 있다. 따라서 단순히 눈앞에
한역삼목
나타난 것만으로 전체를 판단하고 심지어
부정한다면 한역팔목의 효과를 기대하기 어렵다.

교만하지도 절망하지도 말라

한역팔목의 답이 원하는 대로 좋게 나왔다고 해서 교만할 것도, 좋
지 않게 나왔다고 해서 절망할 것도 없다. 한역팔목을 통해 우리가
얻고자 하는 것은 앞날의 어떤 정해진 길이나 무조건적인 것이 아니
다. 우리는 이 과정을 통해 삶에 대한 보다 겸허한 자세와 어려움을
넘어서는 희망과 지식을 앞서는 지혜, 진정한 우리 내면의 빛마음이
지닌 통찰력을 배울 수 있다.

또한 우리는 이 과정을 통해 인간은 거대한 우주의 흐름 속 작은 일
부분이기 때문에 그 흐름에 순행하며 살아가야 하는 존재임을 되새
기게 된다. 행운과 성공, 기쁨의 결과가 주어졌을 때는 그 결과가 오로

지 나로 인한 것만은 아님을 알기에 더욱 깊이 감사하고 주위 사람들에게 베풀어야 할 것이다. 풍요로운 추수가 있는 가을에 곡식을 저장해 겨울을 대비하듯, 현재의 행운을 바탕으로 또 다른 어떤 날에 다가올지 모르는 어려움과 불행의 시기를 대비해야 하기 때문이다.

힘들고 부정적인 결과, 불행의 결과가 예상된다면 그저 절망에 빠져 모든 것을 포기할 것이 아니라, 조금 참고 기다리면서 겸허한 마음으로 새로운 도약의 시기가 다가올 것을 준비하면 된다. 겨울이 다가오고 있는데 제 아무리 우수한 농작법인들 통할 리 만무하다. 밭이 꽁꽁 얼어 있으니 만물이 잠자는 시기이기 때문이다. 그럴 때는 잠시 숨을 죽이며 끈기를 갖고 새로 다가올 봄을 기다리면 된다. 더불어 고통과 어려움이 있는 시기에는 우주 근원의 빛[viii]과 함께 이를 좀 더 수월하고 부드럽게 넘어갈 수 있다.

『행복예보 생활한역』
출판기념회에서의 축사

대구광역시 교육감 **우동기**

어느 덧 한 해를 마무리하는 시기가 되었습니다. 누구나 이맘때가 되면 살아온 날과 살아갈 날에 대한 성찰과 희망에 대해 깊이 생각할 것입니다. 건강과 행복을 위한 사단법인 빛명상에서 그 해답을 찾을 수 있는 『행복예보 생활한역』이 출판되어 무척 기쁘게 생각합니다.

현재를 살아가는 우리는 예기치 못한 무수한 사고 앞에 절망하기보다는 이제 다 함께 잘 살아갈 방법을 찾을 필요가 있습니다. 빛명상센터에서는 그 살아갈 방법을 자기 존재 안에서 찾기에 매우 가치있습니다. 길가의 풀 한 포기도, 저 푸르른 소나무도 작디작은 '씨앗 하나'에서 나왔음을 우리는 주목하고 있습니다.

그 씨앗의 힘을 인간 스스로 믿는 것, 내 안의 근원을 믿고 꽃 피우는 것이 건강하고 행복하게 사는 방법일 것입니다. 특히 우리가 헤쳐 나가야 할 현실 앞에서 올바른 선택과 결정을 해야 할 때, 내면의 감각은 중요한 판단의 동력을 제공한다는 것을 『행복예보 생활한역』에서 역설하고 있습니다.

지난해 많은 학생들이 삶을 포기하여 국민 모두가 가슴 아파했습니다. 현실의 무게와 미래 진로에 대한 막연함은 우리 학생들뿐만 아니라 대부분의 사람들이 갖고 있는 고민입니다. 아직 내면의 성장이 완전하지 못한 청소년들이 쉽게 극단적인 선택을 하는 사회분위기가 너무도 안타깝습니다.

평소에 학생들을 비롯해 어른들 또한 스스로 인정하고 책임질 수 있는 결정을 하고 마음의 안정을 찾는 습관이 되어 있다면 상황은 훨씬 좋아질 것입니다.

건강과 행복을 위한 사단법인 빛명상의 정광호 대표님은 그 해답을 지속적으로 제시해오고 계십니다. 학생들의 마음이 정화될 수 있는 빛viii을 밝혀, 팔공산 근처 대구서촌초등학교의 〈수업 전 5분 명상〉 사례의 언론보도를 통해 학생들이 감사와 긍정의 마음으로 살아갈 때 내 안의 치유가 자연스럽게 이루어짐을 보여 주고 있습니다.

살아가면서 부딪히게 되는 크고 작은 선택과 결정의 순간에 마음을 고요하게 하고 내면의 소리에 귀 기울일 때, 주변의 조언과 자신의 경험만으로 결정할 수 없는 문제의 해결책이 보이게 됩니다. 『행복예보 생활한역』은 이러한 내면의 소리를 이끌어 내는 방법에 대해 이야기 하고 있습니다.

'빛명상'과 하나가 되어 최상의 결과를 이끌어 내는 '한역팔목'은

이 시대를 살아가는 우리들의 든든한 배경이 될 것입니다. 누구에게나 중요한 부분이지만 특히 학생들에게 '선택'은 매우 중요한 교육적 기회입니다.

후회하지 않을 선택과 그 결과를 겸허하게 받아들이고 또 다른 선택의 밑거름이 되도록 만드는 마음의 소양은 지식으로 된 나무를 잘 키워낼 수 있는 비옥한 땅이 될 것입니다.

글로벌 인재육성의 목표를 실현하는 데 필요한 교육적 환경조성에 늘 한발 앞서가는 정광호 대표님께 늘 감사한 마음을 가지고 있습니다. 『행복예보 생활한역』이 진로와 직업선택에서 뿐만 아니라 다른 다양한 분야에서도 훌륭한 지침서가 되리라 생각합니다.

늦은 밤까지 건강하고 행복한 세상을 위해 항상 켜져 있는 서재의 등잔불보다 더 밝은 미소 늘 보여주시고, 건강과 행복을 위한 사단법인 빛명상이 우리 사회의 구석구석을 비춰주는 등대로 항상 서 있길 바랍니다.

3장

최고의 운을
만들다

눈앞에 힘들고 어려운 일이 있더라도 훗날 정오의 태양이 하늘 한가운데 떠올라 따사로운 햇살을 가득 담아 풍요로움으로 일굴 수 있는 공명정대한 바른 마음, 그것이야말로 큰 운을 불러들이는 진정한 내면의 마음가짐인 것이다.

하늘과 땅이 감응하여 이루는
최고의 성공

한번 좋은 운이 다가왔다고 해서 그 운이 결코 영원히 머물러 있는 것은 아니다.
좋은 운은 스스로 노력하는 자에게 더욱 크게 담긴다. 그러나 힘들게 노력하여
얻은 운도 언제든 바뀌고 뒤집어질 수 있음을 아는 사람은 겸손한 마음을 놓치지
않는다.

성공의 조건

과연 성공의 조건은 무엇일까? 우리를 둘러싸고 있는 주위 환경이
어떠한 상태일 때 좋은 운이 들어오고 뜻한 바가 순풍에 돛 단 듯 평
탄하게 풀려갈까?

우리는 이 답을 한역팔목의 총 64가지 목 중 으뜸 중의 으뜸으로
치는 8.1목에서 찾을 수 있다. 흔히 이 목은 하늘이 아래에 있고 땅
이 위에 있는 형상이다. 위에 있어야 할 하늘이 아래에 있고 아래에
있어야 할 땅이 위에 있다니 어찌 보면 역전된 것이 아닌가 싶기도 하
지만, 하늘과 땅이 자신의 자리를 찾아가며 서로 관계를 맺고 교감하
기 때문에 더욱 좋은 결과가 찾아들게 된다는 의미다.

이는 달리 말하면 강건함을 안에 품고 있으면서도 겉은 겸손하고 유순한 외유내강外柔內剛을 말한다. 대통령이 군림하지 않고 아래에서 국민을 보살피는 모습이니 그 나라가 태평성대가 아닐 수 있겠는가?

이 목을 뽑게 되면 모든 일이 순탄하고 여유롭게 풀려 간다. 필자의 경우 우연히 발견한 한 산야초를 원료로 하는 차茶를 개발하였는데, 이에 대해 식품으로서는 최초로 발명특허를 출원하기 전 이 답을 얻었다.

산행 중 빛viit의 향기와 느낌을 받아 발견한 산야초를 가벼운 차茶 종류로 만들어 경북대 난치병 연구소인 IDR Labs에 의뢰하여 의과학적 실험을 하였다. 우주 근원의 생명 에너지, 빛viit을 봉입하니 그 식물의 효능은 이루 말할 수 없이 좋아졌다. 앞으로 자연환경의 오염이 더욱 심해지고 인간의 몸과 마음까지 깊이 병들게 되었을 때 우리의 심신을 맑고 건강하게 정화하고 지켜주는 힘이 이 차에 있다는 것을 느끼게 되었다.

IDR Labs에서 그 중의 몇 종류를 잘 융합하였더니 각각의 장점만을 지닌 독특한 성분이 새롭게 발견되어 그 고유한 성질을 발명특허로 출원하여 보호하기로 했다. 다만 지금까지 어떤 건강식품도 발명특허를 받은 적이 없어 그 과정이 쉽지 않을 것이 우려되기는 했지만, 실험 결과를 통해서 효능이 명백히 입증되기만 하면 충분히 가능한 일이었다.

일을 추진하기 전 고요히 빛명상에 들어 그 어떤 치우친 생각 없이 한역팔목의 답을 구해보았다. 답은 8.1목, 순탄하고 명쾌하게 이루어진다는 아주 긍정적 신호였다.

이후 이 차를 '빛ᵛⁱⁱᵗ을 담는다'는 뜻으로 '비채담*'이라 하였다. 그들 중 하나를 대표격으로 선정하여 비채담 황토삼백초라는 이름을 붙였다. 비채담 황토삼백초는 인삼은 물론 그 어떤 원료의 식품도 받지 못한 발명특허를 획득했다. 일반적으로 원료 자체에서 유익한 성분을 발견할 수는 있지만 그것을 인위적으로 가공하는 과정을 거치고 난 후에는 과학적 검증을 통과하지 못하게 되는 경우가 많다. 하지만 누구나 음용하기 좋은 차의 형태를 하고 있으면서도 인체에 아주 유익한 항염 성분이 분명하게 입증되어 식품으로서는 최초로 '항염효과가 있는 생약조성물'로 발명특허를 받아 차茶로 개발되었던 것

항염차 '비채담 황토삼백초'는 갈수록 심각해지는 환경오염과 신종질병으로부터 건강을 지킬 수 있게 해주는 우주마음의 선물이다.

---

*비채담은 빛ᵛⁱⁱᵗ을 담았거나 빛ᵛⁱⁱᵗ과 교류시킨 음식이나 물, 차茶, 물품 등을 총괄한 어원으로 상표등록이 되어 있다

이다.

　이는 인간의 노력과 힘으로는 도저히 닿지 않는 부분을 어루만지는 자연 근원에서 오는 순수한 빛viit의 힘이 함께 맞물려 만들어낸 결과였다. 하늘이 땅을 어루만지고 인간이 그 감사함을 담아 많은 사람들에게 널리 이롭게 하고자 순수한 노력을 다하니, 그 결과가 지극히 순탄하고 성공적이지 않을 수 없다. 8.1의 목이 정확히 들어맞는 결과였다.

최고의 운을 만드는 방법

　역사적으로는 주원장朱元璋이 8.1목를 얻고 명나라를 세웠다는 기록이 있다. 주원장은 원나라 말기의 혼란한 시대 상황 속에서 일개 반란군 병졸에서 출발해 중국 천하를 호령하는 황제로 권력의 정점에까지 오른 인물이다. 하지만 원나라 말기, 권력이 부패하고 여기저기에서 권력 암투로 혼란한 상황에서 주원장만 홀로 세력을 키운 것은 아니었다. 끊임없이 세력 다툼이 벌어지는 무법천지와도 같은 상황, 주변에는 장사성張士誠, 진우양陳友諒 등 오히려 주원장보다 뛰어난 경쟁자들이 여럿 있었다.

　하지만 그 가운데서도 주원장은 흡사 도적이나 호걸과 같은 강한 면뿐만 아니라 현인과도 같은 지혜로운 면을 동시에 발휘했다. 거친 품성으로 난세를 평정하는 동시에 유능한 조언자들을 밑에 거느리고 효과적인 행정 조치를 취하는 능력도 발휘한 것이다. 그는 학자들의 도움과 조언을 받아 난징 일대를 효율적으로 통치했고, 쓸데없는 약탈을 위해 이리저리 떠돌아다니는 일을 삼갔다. 또한 땅이 없는 농민들에게 아직 개간하지 않은 토지를 하사함으로써 농업을 장려하였다.

빈농의 아들로 태어나 16세에 고아가 되어 난세를 떠돌던 주원장이 황제에 등극할 수 있었던 것은 이처럼 스스로 좋은 운을 불러들일 줄 아는 지혜가 있었던 까닭이다. 즉, 주원장이 명을 개국하기 직전 뽑았던 8.1목은 저절로 주어졌다기보다는 스스로 그러한 운이 담기도록 노력하고 실천한 결과라고 보아야할 것이다. 만약 주원장이 자신의 부족함을 인정하지 않고 무력으로 군림하려고만 들었다면 도리어 주위의 경쟁자들에게 눌려 세를 펴지 못했을 것이다.

하지만 운은 한자리에 머물러 있지 않고 계속 바뀌는 법. 한번 좋은 운이 다가왔다고 해서 그 운이 결코 영원히 머물러 있는 것은 아니다. 주원장은 자신의 권력을 강화하기 위해 동고동락한 측근들을 대부분 숙청하였는데 그 인원이 거의 2만명에 달했다고 한다. 그는 그러한 비극을 감내하고서라도 자신의 아들에게 보다 확고한 황제권을 물려주고자 했지만, 결국 말년에 이르러서는 26명이나 되는 아들들의 권력 다툼 속에 쓸쓸히 죽음을 맞이할 수밖에 없었다.

조선 숙종 시대의 장희빈 또한 중전의 자리에 오르기 전 이 목을 뽑았다고 알려져 있다. 하지만 지나친 권력 욕심으로 말로가 처참하였다. 좋은 운은 스스로 노력하는 자에게 더욱 크게 담긴다. 그러나 힘들게 노력하여 얻은 운도 언제든 바뀌고 뒤집어질 수 있음을 아는 사람은 겸손한 마음을 놓치지 않는다.

한 점 부끄러움 없는 당당함에
최고의 운이 담긴다

힘들고 어려운 일이 있더라도 훗날 정오의 태양이 하늘 한가운데에 떠오를 때 따사로운 햇살을 가득 담아 풍요로움으로 일굴 수 있는 공명정대한 바른 마음. 그것이야말로 큰 운을 불러들이는 진정한 내면의 마음가짐인 것이다. 그러니 고통스럽고 다소 힘든 일이 있더라도 3.1목의 풍요로운 운을 불러들이는 환한 빛마음으로 현실에 최선을 다하고 볼 일이다.

어떤 일에 있어 모든 것을 환하고 명명백백하게 밝히고자 할 때 반응은 크게 두 부류로 나뉠 것이다. 부끄러울 것 없이 떳떳하다면 환영할 일이고, 그 반대의 경우라면 조금이라도 덮어서 숨기기에 급급해진다. 그래서 한역팔목의 3.1목은 언뜻 보면 크게 좋은 듯 하면서도 도리어 크게 잃을 수도 있는 양면성을 지녔다. 아주 풍요로운 대운大運이 정오의 태양처럼 강렬하게 대지를 내리쬔다. 평소 거리낄 것 없이 명쾌하게 그 운을 받아들일 준비가 된 사람이라면 전례없이 큰 성공을 거둘 것이다. 하지만 아무리 좋은 운이 주어져도 무언가 뒤에 감추고 싶은 것이 있고 부정한 일을 숨기고 있다면 역으로 큰 화를 입게 된다.

2000년 8월 어느 날이었다. 미국 아칸소 주정부가 당시 문희갑 대구 시장을 통해 나를 공식 초청하고 싶다는 공문을 보내왔다. 나중에 들은 이야기지만, 당시 이 공문을 받고 대구시는 다소 당황했다고 한다. 정작 자신들도 잘 알지 못하는 빛명상을 미국에서 어떻게 알고 공식 초청장까지 보냈느냐는 것이다.

인연의 발로는 책 한 권이었다. 그들이 나를 알게 된 것은 미국 워싱턴의 한 국립도서관에 꽂혀 있던 책, 『행복을 나눠주는 남자』를 통해서였다. 누가 내 책을 그 먼 곳까지 가져다놓았는지는 모르겠으나, 아무튼 그 책을 본 한인교포 변호사 엘리자베스Elizabeth가 당시 죽음을 앞두고 있던 미국 태권도협회American Taekwondo Association의 이행웅 회장을 살릴 방도로 빛명상을 제안한 것이다.

이행웅 회장은 한국전쟁 직후 맨손으로 미국으로 건너가 미국인들에게 태권도를 가르치고 이후 아칸소 주를 거점으로 미국 전역에 태권도를 알린 장본인이다. 그는 태권도를 현지화하여 생활스포츠로 자리 잡는 데 많은 노력을 기울였다. 그의 노력으로 아칸소 주는 태권도의 주가 되었다. 매년 열리는 태권도 축제에 참여하기 위해 많은 사람들이 몰려들면서 미국에서 하위권에 뒤처져 있던 아칸소 주 지역경제도 크게 살아났다. 이 때문에 대통령이 되기 전 아칸소 주지사로 재직하던 클린턴 전 미국 대통령이 이행웅 회장을 특별히 모셔 태권도를 배울 정도였다고 하니 이분의 위상이 어느 정도였는지 짐작할 만하다.

그런 태권도 영웅도 말년이 되자 현대의학으로는 더 이상 손을 쓸 수 없어 의식을 잃고 죽음을 목전에 두게 되었다. 하지만 측근들은 대체의학에서 어떤 희망을 찾을 수 있지 않을까 하여 그 방법을 백방으로 수소문하였고, 결국 빛^{viit}에 대해 알게 된 것이다. 경비가 전혀 필요 없는 것은 물론 대구시를 통한 외교적 공식 초청이었기에 명예로운 자리였다. 하지만 다른 한편으로는 걱정이 되는 부분도 있었다. 이행웅 회장의 상태가 위중한 만큼 무게와 책임도 함께하는 자리였기 때문이다.

결정을 내리기 전 먼저 한역팔목에 답을 구해보았다. 고요히 빛명상을 한 후 어느 쪽으로도 마음이 치우치지 않도록 평온한 마음이 되었을 때 목을 두 차례 뽑았다. 3.1목. 큰 기회임과 동시에 위기일 수도 있는 오묘한 목. 하지만 공명정대하게 온 천하에 드러나면 전례없이 큰 풍요로움이 함께 하는 정직하고 진솔한 목이었다. 결심이 섰다.

며칠 후, 이행웅 씨가 있는 아칸소 주 리틀락 시에 밤 비행기로 내렸다. 비행기에서 내리자마자 숙소도 들르지 않고 곧장 이행웅 씨가 의식을 잃고 누워 있는 병실로 향했다. 현지 의료진은 물론 모든 가족들과 측근들이 기대 반 의심 반의 표정으로 내 행동 하나하나를 지켜보는 가운데 이행웅 씨에게 빛^{viit}을 주었다.

그리고 물을 가져오라 하여 그 물에 빛^{viit}을 봉입해 초광력수를 만들었다. 의식이 없는 까닭에 이행웅 씨의 목이 마치 거미줄을 친 듯 꽉 막혀 있었다. 이를 깨끗이 정화하기 위해 초광력수를 이행웅 씨의 입 속으로 흘려 넣어주었다. 그러자 이를 지켜보던 사람들이 '북한에서 가져온 500년 된 산삼을 달인 물도 못 마시던 분이…' 하며 놀라워했다.

이 모든 것을 하기까지 불과 십여 분의 시간이 흘렀을 뿐이다. 하지만 내가 할 수 있는 일은 그것이 전부였다. 빛^{viit}은 어차피 마음과 마음으로 전달되므로 오랜 시간이 필요하지 않기 때문이다. 이제 최선을 다했으니 추이를 지켜보며 기다리는 일만 남았다. 다음 날 이른 새벽, 사람들이 방문을 두드렸다. 이행웅 씨가 깨어났다는 것이다.

이행웅 씨는 이후 몇 차례 빛[viii]을 더 받는 과정에서 일어나 앉을 수 있을 정도로 기력을 회복했다. 이를 보고 누구보다도 놀란 것은 현지 의료진들이었다. 자신들로서는 큰 특이점을 발견할 수 없는데 빛[viii]이라는 눈에 보이지도 않는 힘을 받고 하룻밤만에 깨어나다니 말 그대로 기적이었다.

하지만 빛[viii]이 모든 자연의 순리를 거슬러 기적만을 일으키는 도깨비방망이는 아닌 까닭에 이행웅 씨에게 남은 시간 동안 편안하게 떠나갈 준비를 해야 한다고 일러주었다. 그렇게 이행웅 씨는 뜻밖에 맞이하는 고통스러운 죽음이 아닌 빛[viii]과 함께하는 편안한 죽음, 웰다잉(well-dying)을 맞이할 수 있었다.

이 일을 지켜본 아칸소 주정부는 나를 종신 명예대사와 리틀락 시의 명예시민으로 추대했다. 그리고 현지의 미국인들에게도 빛[viii]과 빛명상을 전할 수 있는 소중한 기회를 마련할 수 있었다. 또한 신비로

아칸소 주정부가 수여한 명예대사증과 명예시민증

운 인연의 이끌림으로 네이티브 아메리칸 최후의 추장, 하워드를 만나 많은 이야기를 나누고 그들 선조들의 정신이 담긴 원광석元光石도 얻게 되었다.

단순히 빛[viii]이 몇몇 사람들의 오해나 의심처럼 눈속임이나 가벼운 트릭 정도였다면 이와 같이 큰 기회가 왔을 때 결과가 명쾌하지 못했을 것이다. 도경께서 어린 시절 나를 처음 보시고 바로 이 3.1의 목을 얻고는 "힘들고 어려운 시절이 오더라도 잘 이겨내고 지나가면 환한 빛[viii]의 세상이 열릴 것"이라고 격려하신 적이 있다.

돌이켜보건대 그 말에 담긴 의미를 새삼 가슴 깊이 되새기게 된다. 무릇 많은 사람들이 바라는 큰 운, 좋은 운이란 그저 아무런 대가없이 주어지는 것이 아니라 스스로 만들어가야 하는 것이 아닌가. 비록 눈앞에 힘들고 어려운 일이 있더라도 훗날 정오의 태양이 하늘 한가운데에 떠오를 때 따사로운 햇살을 가득 담아 풍요로움으로 일굴 수 있는 공명정대한 바른 마음, 그것이야말로 큰 운을 불러들이는 진정한 내면의 마음가짐인 것이다. 그러니 고통스럽고 다소 힘든 일이 있더라도 3.1목의 풍요로운 운을 불러들이는 환한 빛마음으로 현실에 최선을 다하고 볼 일이다.

써도 써도 줄지 않는
풍요의 원천

5.4목은 작은 물방울이 모여 큰 강과 바다를 이루어가는 형상으로 가난과 역경 속에서 마침내 풍요와 행운으로 돌아서는 운기가 다가오는 것을 말한다. 이러한 운이 다가왔을 때는 크게 욕심내지 않고 겸손하고 씩씩하게 주위와 나누는 마음으로 임하면 좋은 일이 가득 생기게 되어 있다.

구제역은 치사율이 50%가 넘을 정도로 가축들에게 치명적인 병이다. 이 바이러스는 인간에게는 영향을 미치지 못하고 고온으로 살균하면 사멸하는 것으로 알려져 있다. 하지만 우주복 같은 옷을 입고 중무장한 후에야 현장에 투입되는 방역 요원들, 구제역이 발생한 지역의 가축들을 무조건 살殺처분해버리는 잔혹한 광경 앞에서는 많은 이들이 구제역에 대한 불안감을 갖게 되는 것이 사실이다.

2001년 영국에서 구제역이 발생했을 때 무려 1천만 마리의 가축이 산 채로 땅에 묻히거나 불에 타 죽었다. 그중 실제로 구제역에 감염된 수는 도살당한 가축의 약 10%정도뿐이었다. 영국은 구제역 청정국이라는 자신의 위상을 지키겠다는 경제적 목적 하에 올림픽 수영장 200개 규모의 구덩이에 43만 마리의 양을 한꺼번에 묻어버렸다.

이후 미국은 물론 한국, 일본, 대만 등 아시아 국가에서도 구제역이 발생하면 그 일대의 가축들을 무조건 '살처분'하는 국제 관행을 따르고 있다. 그런데 과연 이 방법이 구제역을 해결하는 최상의 선택일까? 해마다 이 병이 사라지기는커녕 더욱 강력한 형태로 되돌아오는 것을 보며 자연히 이러한 의문을 품지 않을 수 없다.

한번은 경북 성주에서 돼지 농가를 크게 운영하는 회원 한 분이 간절히 빛[viii]을 청해왔다. 당시 성주뿐만 아니라 그 일대에 구제역이 크게 돌아 이미 주위 농가에서는 자식처럼 기른 가축들을 살처분하기 시작했다는 것이다. 이분은 제발 그 일만은 피해갈 수 있도록 해달라고 했다. 순간 우주마음의 느낌에 따라 구제역을 피해갈 수 있는 몇 가지 방법을 일러주었다. 우선 물에 빛[viii]을 봉입해 초광력수를 만든 후 그 물을 농장 곳곳에 뿌리게 했다. 이후 빛[viii]이 봉입된 초광력씰(작은 삼각형 모양의 칩에 빛[viii]을 봉입해 우주 근원의 힘과 교류할 수 있도록 한 것)을 농장에 붙인 후 매일 빛명상을 하게 하였다.

아주 간단한 이 방법을 통해 매우 분명한 효과가 나타났다. 대부분의 주변 농가가 구제역으로 엄청난 손실을 감내해야했던 반면 이분의 농장은 새끼 돼지 한 마리도 병에 걸리지 않고 무사히 지나간 것이다. 더욱이 주위에 헐값으로 나온 새끼 돼지들을 싼 값에 사들인 덕택에 훗날 큰 수익을 올릴 수 있게 되었다.

당시 이분의 앞날을 생각하며 한역팔목을 뽑아보았는데, 5.4라는 아주 풍요로운 목이 나왔다. 5.4목은 작은 물방울이 모여 큰 강과 바다를 이루어가는 형상으로 가난과 역경 속에서 마침내 풍요와 행운으로 돌아서는 운기가 다가오는 것을 말한다. 이러한 운이 다가왔을

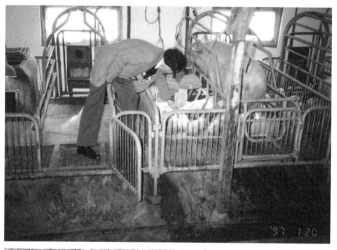

돼지와 식물을 대상으로 한 여러 과학 실험에서 빛viii의 실질적인 결과를 얻었다.

때는 크게 욕심내지 않고 겸손하고 씩씩하게 주위와 나누는 마음으로 임하면 좋은 일이 가득 생기게 되어 있다.

그렇다면 초광력수와 초광력씰을 통해 구제역을 비켜갈 수 있었던 원리는 무엇일까? 그것은 지극히 간단하면서도 오묘한 우주마음의 섭리인데, 바로 우주 근원의 생명 에너지 빛viit과 함께했기 때문이다. 초광력수와 초광력씰에 봉입되어 있는 생명 원천의 에너지 빛viit은 여러 가지 효능을 나타내는데, 그중 하나가 바로 인간은 물론 동물과 식물의 면역력과 생식력을 강화시켜주고 나아가 위기를 비켜갈 수 있는 힘을 보완해준다는 점이다.

실제로 영남대 여정수 동물자원대학 교수가 돼지를 상대로 한 여러 과학 실험에서도 이 사실이 드러난다. 동일한 어미에게서 태어난 새끼 돼지를 네 마리씩 두 그룹으로 나누어 한 그룹만 정기적으로 빛viit을 주고 비교해보았을 때 빛viit을 받은 그룹의 돼지들은 여러 가지 면에서 두드러진 차이점을 보였다. 빛viit을 받은 돼지 그룹은 혈액검사 결과 빈혈이나 생식력과 직결된 항목(글루코스)에서 빛viit을 받지 않은 돼지들보다 훨씬 우수한 결과를 보였다. 이외에도 벼, 감나무, 고추 등과 같이 빛viit을 받은 식물군은 열매가 훨씬 많이 열리고 튼튼하며 병충해도 적은 결과를 나타내었다. 빛viit은 동물의 면역능력을 강화시켜주고 건강하게 활력을 불어넣는 역할을 하기 때문에 구제역과 같은 전염병도 비켜갈 수 있었던 것이다.

인간의 무모한 욕심으로 우리 삶의 터전인 지구가 깊이 병들어가고 있다. 그 변화가 우리 인간에 앞서 동물과 식물들에게 먼저 나타나고 있다. 지구온난화와 환경의 변화로 하루에도 수십 종의 동식물이 멸

매몰지 침투수로 인한 오염 과정
유실 등의 위험이 없는 평평한 곳이나 하천 습지 등에서 30m 떨어진 안전한 곳에 매몰지 선정하지 않을 경우

매몰지 유실·붕괴 외에 매몰 시 배수로, 차수벽,
우수차단시설 등을 설치하지 않을 경우,
제대로 시설물을 설치했어도
생매장된 가축이 죽는 과정에서
비닐 등 시설물을 손상시킬 경우에도
같은 현상 발생 가능성 높다

❶ 매몰지 유실·붕괴 위험성 커져
우기(雨期)에 매몰지가 붕괴

❷ 환경오염을 막기 위해 설치한 비닐덮개
톱밥 부직포 배수로 등 시설물 붕괴

❸ 내부에 있던 각종 부패물이 주변으로 퍼짐
특히 구제역 의심 가축의 핏물,
부패하면서 나온 썩은 물 등이 땅에 스며들어

❹ 침출수에 함유된 암모니아성 질소,
질산성 질소 등 유해 화학물질과 장바이러스 등
미생물이 일대 지하수 등 수자원을 오염시킴.
이런 물을 마실 경우 인체에 치명적

축사

가옥

비닐

지하수

하천

그래픽 김성훈 기자 ksg97@donga.com

전국 구제역 매몰지 현황

경기 2269곳
인천 112
강원 304
경북 1013
경남 17
충북 124
충남 212
전북 2
대구 1

합계 4054곳

전국 AI 매몰지 현황

경기 61
충남 13
경북 5
전북 4
전남 114

합계 197곳

구제역 집단매몰지 침출수, 상수원 오염 땐 대재앙

구제역 확산을 막기 위해 대량 매몰 처분된 가축들로 인해 심각한 환경 재앙이 우려되고 있다. 지난해 11월부터 전국을 휩쓴 구제역과 올 초부터 시작된 조류인플루엔자(AI)로 최근까지 전국 4251곳에서 소 돼지 닭 등 가축 857만 5900여 마리가 매몰됐다. 전문가들은 가축 사체에서 나온 피와 부패 물질 등으로 인근 지하수나 하천, 토양 등이 오염될 경우 심각한 2차 환경오염이 발생할 가능성이 높다고 지적했다

(동아일보 2011.2.9.)

종 위기에 처하고 있다. 고기를 좀 더 많이 먹겠다는 인간의 과도한 욕심이 비정상적인 동물 사육과 그로 인한 부작용을 낳아 도리어 인간에게 직격탄을 날리는 치명적인 결과로 돌아오고 있기도 하다.

구제역이나 조류독감, 사스와 같은 병들이 모두 그러한 맥락에서 인간이 자초한 화禍라고 볼 수 있다. 병에 걸린 동물들은 그저 땅에 묻거나 죽여 없애면 된다는 생각은 지극히 저차원적인 대응책이다. 그 수많은 생명이 죽어가면서 야기하는 부작용에 대해서는 미처 생각하지 못하는 것이기 때문이다.

하지만 앞의 사례에서 보았듯 이러한 문제점을 해결할 수 있는 우주근원의 힘―빛viii이 우리와 함께하고 있다. 한역팔목 또한 작은 물방울이 모여 큰 강을 이루듯 겸손하고도 진실한 마음으로 빛viii과 함께 한다면 그 종착지가 풍요롭고 행복한 미래가 되리라는 것을 이야기해주고 있다. 모든 큰일의 시작은 작은 변화에서 출발한다. 우선 나와 내 주위가 변해야 지구 전체가 바뀔 수 있다.

시대의 리더들에게 필요한
한역팔목

(사)한국민간자격협회 이사장, 광운대학교 교수, 재난과학박사 **이근재**

주나라의 주역이 아니라 우리 배달민족의 팔괘라는 본래의 뿌리를 되찾고, '한역팔목 연구'의 일환으로 혼란한 이 시대의 한줄기 빛으로써 지혜로운 의사결정을 통한 시대적 리더십을 고찰한 책이 국내에서 처음으로 출간되었습니다.

1인당 국민소득이 2만불을 훌쩍 넘긴 시대이지만 엥겔지수는 점점 높아지고, 중산층의 붕괴, 계속되는 자연재해와 인재, 국가안보 위기, 계층간의 소통 부재 등으로 미래에 대한 희망이 점점 사그라들고 저마다 마음의 상처를 지닌 사람들로 넘쳐나고 있습니다.

이 책에서는 이러한 현실이 우리가 배워온 리더십이 한계를 보이면서 나타나는 현상이며, 이를 타개하기 위해서는 우리 민족의 근원인 한역팔목이 이 시대의 리더들에게 필요한 것이라고 제시하였습니다.

또한 한 치 앞을 알 수 없는 선택의 범람 속에서 한역팔목이 정확하고 신속하며 지혜로운 의사결정의 도구로서 얼마나 큰 역할을 하였는지, 누구나 쉽게 읽고 이해할 수 있도록 학회장님의 지난 30여 년간의 생생한 경험과 이야기를 풀어내는 방식으로 빛의사결정, 한역팔목을 통한 리더십에 대해서 재정립하였습니다.

인간이 자신의 미래에 일어나는 모든 일을 정확하게 알 수 없지만 인간의 내면에는 예지력이 있기 때문에 문제의 답을 밖에서 찾기 보다는 자신 안에서 찾아야 할 것입니다. 이 책에서 이야기하는 빛의사결정의 도구인 한역팔목은 지금 우리가 살아가고 있는 현실과 다가오는 미래를 빛viii과 함께 지혜롭게 대처하는 방법을 알려주고 있습니다.

한역팔목을 통해 리더십 부재로 위기를 겪고 있는 우리 사회에 모처럼 희망의 빛을 던져주는 신간으로 국민 한 사람 한 사람이 지혜로운 의사결정자가 되기를 바라는 소망과 함께 귀중한 지혜로운 자산을 세상에 전파하시는 정광호 학회장님께 깊이 감사드립니다.

4장

하늘에는 금비,
바다에는 쌍무지개

" 물고기는 강을 만나고
배는 순풍을 만나서 앞으로 나아간다.
빛^{viit}은 필요한 시운時運을
끌어들이는 힘이다.
빛^{viit}과 함께 하면
한역팔목은 최고의 운으로
최상의 선택을 돕는다."

1997년 홍콩 구룡 반도에서 감사제 중 내린 빛비. 올린 잔에 세 번 번개가 내
리치며 빛비가 내리는 엄청난 빛현상이 동반되어 함께 했던 이들의 운명을 바
꿔놓았다. 네디 부부는 이날 이후로 생명 탄생이라는 기적을 맞이했다.

운명과 숙명 사이

1597년 5월 12일 이순신 장군의 참모 신홍수申弘壽가 원균의 운세를 놓고 '1.5 목'의 답을 구한 바 있다. 그 결과에 따른다면 원균은 군사를 절대 움직이지 말고 조용히 숨어 있어야만 했다. 하지만 그는 선조의 강압을 이기지 못해 전 함대를 출동시켰고, 결국 대패하여 자신도 전사하고 말았다.

사방에 찬바람이 불고 온 땅이 얼어 있을 때는 제아무리 좋은 종자나 특별한 농경법이 있어도 소용이 없다. 모든 생명이 잠들어 휴식하고 조용히 봄을 기다리는 시기이기 때문이다. 우리의 삶도 이와 다르지 않다. 운의 흐름이 막혀 있을 때에는 모든 행동을 자제하고 조용히 새로운 흐름이 다가오기를 기다리는 편이 현명하다. 때로는 그 과정이 못 견디게 갑갑하고 힘들더라도 나아갈 때와 물러설 때를 아는 그것이 바로 세상을 지혜롭게 사는 비결이다. 하지만 이를 머리로 잘 알고 있는 것과 현실에 적용하는 것은 또 다른 문제다. 도저히 피해갈 수 없을 만큼 강하게 작용하는 악운으로 안타까운 결과를 맞이하는 경우를 이따금 보게 되는데, 지금 소개하는 이야기도 그렇다.

하루는 한약방을 운영하시는 회원 한 분이 찾아왔다. 평소 무척이나 열성적이고, 때로는 유난하다 싶으리만큼 빛^{viit}을 대하는 모습이 남달라 나 역시 이분을 눈여겨보아온 터였다. 그런데 이분이 꼭 한 번 한역팔목의 목을 구하고 싶다며 간곡히 청해왔다.

당시는 아직 한역팔목을 세상에 내놓기 전이었기에 잠시 망설여졌다. 만약 여느 다른 분의 부탁이었다면 사정을 설명하고 완곡히 거절했을 것이다. 하지만 이분이 비록 때로는 과도하다고 느껴지는 부분이 있을망정 혼자만이 아닌 주위 사람들과 함께 빛^{viit}을 나누고자 오랜 시간 노력해왔음을 알고 있었다. 잠시의 망설임 끝에 특별히 이분에게는 기회를 드리기로 했다. 다만 한 가지가 궁금했다.

"특별한 걱정거리라도 있습니까? 군이 한역팔목의 답을 구하고자 하는 이유가 무엇인지요?"

그러나 그는 어쩐 일인지 내 질문에 시원하게 대답하지 않았다. 그저 요즘 자신의 운기 흐름이 어떤지 궁금해 한역팔목을 꼭 한 번 뽑아보고 싶다는 생각이 들었다고만 했다. 이후 그는 잠시 빛명상에 들어 마음을 가다듬은 후 조심스럽게 목을 뽑아들었다.

결과는 1.5목. 일반적으로 이 목은 갑작스러운 재난이나 불운, 특히 이성 문제나 교통사고와 관련된 일에서 각별히 주의를 요구하는 경고의 목이다. 비록 이분이 처해 있는 자세한 상황은 알 수 없었지만 이성 관계나 교통사고를 조심하고, 약간이라도 느낌이 좋지 않을 때는 가급적 운전을 하지 않는 것이 좋다고 말해주었다.

그는 이 말을 듣더니 한숨을 푹 내쉬었다. 이분 또한 역학에 전혀 문외한은 아니었고 1.5목이 어떤 목인지 나름대로 알고 있을 터였다.

"사실 제 나름대로 목를 구해보았을 때에는 1.6목, 즉 '천수송'의 답이 나왔습니다."

그 역시 인간관계에서 배신이나 소송, 관재수가 있을 수 있으니 되도록 조심스럽게 처신해야 하는 쇠운이 다가옴을 말해주는 목이다. 무엇인지는 몰라도 그가 몹시 곤란한 상황에 처해있다는 것만은 틀림없었다. 아마도 그는 자신이 직접 구한 목의 결과를 한역팔목을 통해 부정하고 싶었는지 모른다. 하지만 이렇게 같은 것을 놓고 여러 차례 답을 구하는 것은 의미가 없다. 한역팔목에 대한 깊은 신뢰가 먼저이기 때문이다.

그 일이 있고 얼마 후, 뜻하지 않은 비보가 날아왔다. 이 분이 불의의 교통사고로 세상을 떠났다는 안타까운 소식이었다. 평소 그와 함께했던 회원들은 물론 나 역시 크게 놀라지 않을 수 없었다. 비록 좋지 않은 운에 와 있었다고 하나 늘 빛^{viii}과 함께 열심인 것 같았던 그분의 마지막이 왜 그래야만 했을까?

이후 뒤늦게 그분의 사정을 듣고 깊은 고요함 속에서 그 의문에 대한 답을 알 수 있었다. 우선 그가 내게 말하지 않은 그의 속사정에 원인이 있었다. 그는 평소 한 사람을 마음에 두고 그녀와 가정을 꾸리고자 애썼다고 한다. 하지만 여러 순리에 맞지 않아 그 여인과는 이루어질 수 없는 상황이었다. 그러한 경우 한역팔목의 결과에 따라 마음을 보다 겸허하게 갖고 조용히 처신하는 것이 현명했으리라. 하지만 그 모두를 무시하고 어떡하든 자신의 바람을 이루려는 생각만으로 무리한 행동을 한 것이 화근이었다.

변을 당한 그날도 그는 멀리 지방에 떨어져 있는 여인을 만나기 위해 고속도로에 올랐다고 한다. 평소 마음속에 무언가 모르게 본능처럼 느껴지던 불안감은 물론 한역팔목의 경고도 무시한 채 오로지 눈앞의 목적에만 마음이 갔던 것이다.

그가 평소 남들보다 도드라지게 조금 유난스러운 행동으로 다른 이들의 눈길을 끌고자 했던 이유도 비로소 알 수 있었다. 안타깝게도 그의 행동은 순수하게 빛^{viit}의 의미를 알고자 노력하고 복을 짓는 마음과는 거리가 있었다. 그보다는 어떻게 해서든 자신의 바람을 이루고자 하는 생각이 앞섰으니 우주마음에 어떤 허세나 과장이 통할 리 만무하다. 그 욕심 앞에서는 순수한 빛마음의 경고도 무용지물이어서 결국 그의 지난 행동들은 그의 앞에 놓인 불행한 결과를 피해갈 만큼의 복이 되어 주지 못했던 것이다.

흔히 비슷한 의미로 사용하곤 하는 '운명運命'과 '숙명宿命'이라는 단어 사이에는 사실 분명한 차이가 있다. 운명의 수레바퀴는 내려갔다가도 이내 곧 올라가게 마련이다. 비록 좋지 않은 운명의 시기에 와 있다 해도 이내 좋은 운으로 돌아설 수 있다. 빛마음에 지혜를 구하고 진심을 다해 노력한다면 어려움을 조금은 수월하게 넘어갈 여지 또한 존재할 것이다.

하지만 숙명은 그렇지 않다. 불가항력적이며 인간의 능력을 초월해 작용한다. 따라서 불가피한 필연이 바로 숙명이다. 일례로 1597년 5월 12일 이순신 장군의 참모 신홍수申弘壽가 원균의 운세를 놓고 '1.5목'의 답을 구한 바 있다. 그 결과에 따른다면 원균은 군사를 절대 움직이지 말고 조용히 숨어 있어야만 했다. 하지만 그는 선조의 강압을 이기지 못해 전 함대를 출동시켰고, 결국 대패하여 자신도 전사하고 말았다. 원균은 스스로도 자신의 출전이 목숨을 건 무모한 도박임을 인식하고 있었다. 하지만 그 사실을 알면서도 차마 그 숙명을 저버리지 못하고 죽음을 맞았다. 이처럼 인간의 의지를 뛰어넘어 도저히 거스르기 힘들 만큼 강하게 작용하는 것이 숙명이다.

인간은 자연에서 온 존재인 이상 누구나 인간의 한계를 초월해 다가오는 초자연적인 힘, 숙명 또한 맞이하게 되어 있다. 하지만 숙명이 존재한다 하여 허무주의에 빠지거나 비관할 필요는 없다. 그보다는 숙명 앞에서 인간의 존재를 되돌아보고 보다 겸허한 자세를 가지면 된다. 빛마음으로 돌아가 순리에 맞게 순수한 복을 짓는다면 그 결말이 보다 아름다울 것이며, 나 자신은 물론 후손에게도 더욱 풍요롭고 행복한 삶을 물려줄 수 있다.

필요한 시운을 끌어당기는 방법

네디 부부를 생각하며 한역팔목을 꺼내 들었다. 과연 이 부부가 아이를 가질 수 있을까, 그 답을 구해보기로 했다. 결과는 2.4목. 우레가 크게 우니 바다도 따라 함께 울린다. 좋은 시기, 주위의 도움이나 조력자를 만나 순리에 맞는 변화를 꾀하면 아주 좋은 결과를 얻는다는 의미다.

홍콩으로의 초대

2007년 어느 날, 아주 반가운 분의 초대를 받아 한 호텔의 레스토랑을 찾았다. 약속 장소에 들어서니 웬 꼬마가 쪼르르 달려오더니,

"안녕하세요!"

하고 꾸벅 인사를 한다. 처음 보는 얼굴인데도 아이는 나를 아주 잘 안다는 듯 생글거렸다. 대체 이 아이가 누구일까, 기억을 더듬는데 마침 멀리서 낯익은 얼굴이 다가왔다. 오늘 나를 초대해준 네디 씨 부부였다.

"이 아이가 벌써 이렇게 컸답니다."

미세스 네디가 아이의 어깨를 감싸 안으며 말했다.

저자와 함께 한 네디 부부 가족

"아, 이 아이가 바로 그⋯."

네디 부부가 웃으며 고개를 끄덕였다.

"그렇구나. 네가 아주 아기일 때 봐서 얼굴을 못 알아보았구나. 너 지금 몇 살이니?"

"열 살이에요."

그러고 보니 그 일이 있은 지 벌써 10년이 흘렀다.

1997년 어느 날, 홍콩에 거주하는 회원인 네디 부부에게서 전화가 걸려왔다. 한 번 꼭 찾아달라는 전화였다. 미스터 네디는 홍콩과 한국을 오가며 CF 감독으로 활동하던 중 빛ᵛⁱⁱⁱ을 알게 되었다. 이후 그는 꾸준히 빛명상을 하는 가운데 한 가지 잊지 못할 경험을 하게 된다.

그날의 일은 무척 갑작스럽게 일어났다. 여느 때와 같이 구룡반도 앞바다로 자가용 요트를 몰고 나간 미스터 네디는 그만 급작스런 폭풍우에 휘말리고 말았다. 강한 비바람과 파도는 배를 집어삼켰고 그는 정신을 잃었다. 한참 후 가까스로 정신을 차린 미스터 네디는 자신의 요트 앞머리가 무인도의 한 바위틈에 단단하게 끼어 있는 것을 발견했다. 불행 중 다행인 것은 그 덕택에 엄청난 풍랑 속에서도 목숨을 건질 수 있었다는 점이다. 그날 밤 폭풍우에 휩쓸린 대부분의 선박들이 좌초되어 큰 사상자를 냈다는 이야기를 들으며 미스터 네디는 자신이 살아난 것은 기적과도 같은 일임을 알게 되었다.

"요트 핸들에 이 초광력씰*을 붙여놓았습니다. 제가 목숨을 건진 것은 그 덕택이었음을 확신합니다."

그는 내게서 받은 초광력씰을 요트 핸들에 붙여놓았던 것이다. 실제로 미스터 네디뿐만 아니라 초광력씰을 핸들에 붙이고 위험한 교통사고나 위기에서 기적적으로 비켜갔다고 하는 사람들이 많았다. 아무튼 이후 네디 부부는 이 일에 대해 감사하는 마음으로 나를 홍콩으로 초청했다.

하늘에는 금비, 바다에는 쌍무지개

네디 부부의 환대와 융숭한 대접을 받으며 홍콩을 둘러보던 중 1997년 7월 25일에는 구룡반도 앞바다로 나갔다. 어떤 계획이나 준비가 있었던 것은 아니지만 문득 우주마음에 감사제를 지내야겠다는 느낌이 들었다. 미스터 네디에게 근처에 조용하고 깨끗한 무인도가 있다면 잠시 배를 세워달라고 부탁했다.

---

*초광력씰은 생명 원천의 힘, 빛光과 교류하는 안테나 역할을 한다.

이윽고 선장이 배를 돌려 한 섬으로 향했고 배를 대기 위해 연안으로 다가갔다. 그런데 이상한 일이 일어났다. 섬에 배를 대려고 하자 조용하던 물결이 갑자기 거세어지며 배가 심하게 흔들렸던 것이다.

"아무래도 이 섬에는 정박이 힘들 것 같습니다. 근처 다른 섬은 어떠신지요?"

또 다른 무인도를 찾아 배를 돌렸다. 그런데 두 번째 섬 역시 가까이 다가가자 마치 저항이라도 하듯 파도가 높아지며 자꾸만 배를 밀어냈다. 감사제를 지낼 때면 찌푸려 있던 일기도 맑아지는 것이 보통인데 이날은 참 이상했다. 고개를 갸웃하며 하는 수 없이 세 번째 무인도로 배를 돌렸다. 하지만 또다시 섬 입구에서 배를 댈 수가 없었다.

"정말 죄송합니다. 연안에 배를 세워 선생님은 구명보트를 타고 들어가시고 저와 다른 분들은 다리가 좀 젖더라도 걸어서 들어가는 방법밖에는 없겠습니다."

하지만 나는 그 제안이 내키지 않았다. 세 번씩이나 배를 댈 수 없는 것으로 보아 아무래도 오늘은 아닌 것 같으니 다른 곳이나 둘러보자고 했다. 그렇게 다시 바다로 빠져나와 얼마 지나지 않았을 무렵 무언가 타는 듯 강한 냄새가 나며 배가 바다 한가운데 멈춰 버렸다. 순간 내 머릿속에 지난번 꿈에서 보았던 용이 번뜩 스쳐지나갔다.

'아, 이곳이구나! 용이면 바다의 동물이니 이곳 구룡반도는 바다에 그 기운이 있구나. 육지에 지기地氣가 있다면 바다에는 해기海氣가 좋은 명당이 있을 텐데 굳이 무인도를 고집할 이유가 없었던 것을….'

우주마음이 말이 통하지 않는 대신 특별한 현상으로 이를 알려주는 것임을 알 수 있었다. 잠시 후, 선장이 올라오더니 모터에는 아무 이상이 없는데 왜 배가 멈춰 섰는지 알 수 없다고 했다.

"이곳에서 감사제를 지내겠습니다"

나는 휴대용으로 가지고 다니는 작은 잔을 꺼낸 후 고요히 눈을 감고 빛[viii]을 생각했다. 그러고는 감사의 마음을 담아 잔을 하늘에 올리는데 갑자기 하늘이 갈라지듯 번개가 터져 내려오더니 그 빛[viii]이 손에 들린 잔 안에 담겼다. 동시에 천지를 뒤흔드는 큰 우레가 사방에 울리자 사람들이 놀라 소리를 지르며 뒤로 물러섰다. 그러나 정작 나는 따뜻한 열기와 함께 온몸에 평온한 느낌이 퍼졌을 뿐 별다른 이상이 없었다. 알 수 없는 큰 힘이 함께하고 있음을 알 수 있었다.

두 번째 잔을 하늘에 올리자 다시금 하늘에서 번개가 번쩍이며 잔에 빛[viii]이 담겼다. 진심의 감사를 한 번 더 올렸다. 이윽고 주변이 어두워지며 빗방울이 떨어지기 시작했다. 마지막으로 한 번 더 잔을 올리자 다시금 큰 우레와 함께 빛[viii]이 내려와 잔에 담겼다. 그리고 비가 내리는 가운데 허공을 가로질러 선명한 무지개가 나타났다.

"저것 좀 보세요, 쌍무지개가 떴어요!"

과연 배가 떠 있는 바다 주변으로 테두리를 치듯 오색빛이 선명한 무지개가 떠오르고 있었다. 그리고 동쪽 수평선에도 무지개가 다리처럼 걸려 있었다. 사방에 거친 빗줄기가 내리고 하늘 또한 짙은 먹구름으로 캄캄한데 이처럼 눈부신 쌍무지개가 마치 그림으로 그린 듯 떠오르다니! 그 모습이 아주 아름답고 신비로워 모두들 옷 젖는 줄도 모르고 무지개를 바라보았다.

그때 문득 한 사람이 내 눈에 들어왔다. 현대 의학에서 해결하지 못하는 난치병을 앓고 있던 송 교수였다. 그는 비를 맞아 체온이 내려가면 무척 위험한 상황에 처할 수 있기 때문에 각별히 조심해야 했다. 그런데 비를 맞고 있으니 무척 걱정이 되었다.

그 순간 이해할 수 없는 일이 일어났다. 빗줄기가 점점 약해지며 비가 잦아들더니 얼마 되지 않아 흠뻑 젖었던 사람들의 옷이 순식간에 말라버린 것이다. 가장 염려스러웠던 송 교수는 물론 다른 사람들의 옷도 마치 거짓말처럼 말라 모두 어리둥절한 표정이었다. 분명 갑판 위에는 흥건히 물이 고여 있었다. 배를 운전하는 선장과 손님들의 잔시중을 하는 아주머니는 여전히 머리에서 발끝까지 비에 홀딱 젖은 모습으로 우리 일행들과 대조를 이루었다.

후에 이 감사제 도중 찍은 사진을 보니 내리는 빗물에 빛분*이 섞여 내려 온통 금빛 빗줄기가 찍혀 있었다. 그날의 놀라운 경험들이 결코 착각이 아닌 사실임을 알 수 있었다.

필요한 시운을 불러들이는 빛viit의 힘

구룡반도에서의 일정을 마치고 귀국하는 길, 무언가 할 말이 있는 듯 네디 부부가 간절한 청원의 눈빛을 보냈다.

"진심으로 바라는 것이 있는지요?"

구룡반도에서의 환대, 그리고 그곳에서 있었던 큰 빛viit과의 만남에 도움을 준 부부에게 고마움을 전하고 싶었다. 그러자 미세스 네디

---

*생명 원천의 힘, 빛viit과 함께 할 때 나타나는 물질.

가 잠시 망설이더니 이렇게 말했다.

"실은 저희 부부가 결혼하고 10년이 지나도록 아이가 생기지 않아 크게 상심하고 있었답니다. 구룡반도에서 신비롭고도 큰 빛^{viit}의 힘이 함께하는 일을 겪으면서 우리 부부에게도 아이가 생긴다면 얼마나 좋을까 하는 생각을 했답니다."

미세스 네디의 눈시울에 눈물이 맺히고 있었다. 고개가 끄덕여졌다. 비록 크게 내색하지는 않았지만 두 사람이 얼마나 간절히 아이를 기다려왔는지 알 수 있었기 때문이다.

두 부부의 내면을 들여다보았다. 금슬이 좋은 두 부부 사이에 아이가 생기지 않는 원인이 무엇인지 궁금해서였다. 그리고 두 부부에게 새 생명을 잉태할 수 있도록 근원의 마음에 부탁드리며 빛^{viit}을 주었다.

이후 네디 부부를 생각하며 한역팔목을 꺼내 들었다. 과연 이 부부가 아이를 가질 수 있을까, 그 답을 구해보기로 했다. 결과는 2.4목. 우레가 크게 우니 바다도 따라 함께 울린다. 좋은 시기, 주위의 도움이나 조력자를 만나 순리에 맞는 변화를 꾀하면 아주 좋은 결과를 얻는다는 의미다. 머지않아 이 부부에게 고대하던 소식이 들려오겠구나 하는 좋은 예감이 들었다. 이후 한국으로 되돌아와 다시 3개의 삼목을 놓고 뽑아보았다. 1번, 즉 임신이 되거나 이미 되었다는 의미였다.

이후 네디 부부는 결혼 10년 만에 아이를 갖게 되었고 기쁨에 가득 찬 목소리로 어쩔 줄 몰라 했다. 한역팔목의 해답과도 꼭 같이 그날 구룡반도 앞바다에서 하늘에 우레가 크게 울리며 빛^{viit}이 떨어졌을 때 그 거대한 울림과 함께 네디 부부의 몸과 마음도 함께 진동하였을 것이다. 그리고 새로운 생명을 잉태할 수 있는 내면의 바탕이 새롭게 마련되었음을 알 수 있었다.

마음 속 오랜 꿈을 이루고 원하는 바를 이루는 데는 많은 방법이 있다. 그중 하나는 자신의 한계나 부족함을 채워줄 수 있는 방법을 찾아 적절히 따르는 것이다. 물고기는 강을 만났을 때 비로소 꼬리를 치며 앞으로 나아가고 순풍을 만난 배가 앞으로 나아간다. 적절한 때를 만나 그것을 따르는 것 이상 좋은 행운이 어디 있겠는가? 그런데 무작정 앉아서 그때가 오기만을 기다릴 것인가? 빛^{viit}은 시운時運을 끌어당기고 필요에 따라서는 만들어내는 창조의 힘이다.

최고의 선택에서 비롯되는 기적

어느 새 씩씩한 초등학생으로 자라난 빛둥이 최호창 군의 어머니인 조유리 씨. 처음 그녀를 만났을 때 조 씨의 등에는 다운증후군을 가진 아이가 업혀 있었다. 하지만 아이보다도 어머니의 몸과 마음이 더 지쳐있는 상태였다. 당시 조유리 씨는 '포르피리아'라는 난치성 질병을 앓고 있었으며 정기적으로 몰핀을 맞을 정도로 극심한 고통에 시달리고 있었다.

안타까운 마음과 함께 빛^{viit}을 주며 '오늘부터 그 병은 다시 재발하지 않을 것입니다' 하고 말했다. 이후 그녀는 건강을 되찾았고 십여 년이 지난 지금까지 그녀의 병은 한 번도 재발하지 않았다. 물론 지속적으로 빛^{viit}과 함께 했기 때문이다.

하루는 그녀가 눈물을 흘리며 얼마 전 병원에서 들었다는 이야기를 들려주었다. 정상적인 아이를 갖고 싶은 간절한 마음에 부부가 함께 산부인과를 찾았는데 참 가혹한 말을 들었다는 것이다.

"지금 아주머니의 자궁은 너무 노화되어서 임신이 불가능합니다. 아스팔트에 씨앗을 뿌린다고 싹이 나겠습니까? 그와 마찬가지입니다."

청천벽력과도 같은 의사의 말에 그녀는 눈물밖에 나지 않았다. 그 순간 빛^{viit}을 떠올렸다. 그녀는 마지막 희망이라고 생각하고 간절히 청했다.

"저도 다른 아이들처럼 똘망똘망한 눈망울을 한 아이를 갖고 싶어요. 엄마가 젖 먹일 때 눈 맞추며 방글방글 웃을 수 있는 제발 건강한 아이 하나만 낳을 수 있게 해 주세요."

그녀의 간절한 바람이 가슴에 와 닿았다. 나는 그녀의 아픈 몸과 마음을 모두 어루만져 줄 수 있는 우주 근원의 힘, 빛^{viit}을 가득 안겨 주고는 한역팔목을 꺼내들었다. 현대 의학으로도 불가능한 상황 속에서 아이를 가질 수 있을지 그 답을 구해보기로 했다. 한역팔목으로는 5,2목. 알을 품은 어미새의 마음으로 순산(아들)까지 바라볼 수 있는 목이란 의미이다. 한역삼목은 1목으로 '된다'는 긍정의 답을 내놓았다.

"아이를 가질 수 있습니다. 포기하지 말고 희망을 가지십시오. 이 시각 이후부터 아름다운 마음으로 빛활동도 열심히 하십시오!"

나의 말에 그녀는 놀라움과 기쁨이 섞인 표정으로 되돌아갔다. 그

렿게 몇 달이 흐른 후 그녀가 조금은 상기된 듯 유난히 환한 표정으로 찾아왔다.

"정말 감사합니다! 의사 선생님도 몇 번이나 제 차트를 보시곤 고개를 갸웃했는데, 제가 임신을 했어요!"

이후 조유리 씨는 건강한 사내아이를 순산하는 기적을 체험하였다. 그렇게 태어난 빛둥이*가 이제 건강한 소년으로 성장해 빛^{viii}의 터를 활기차게 뛰어다닌다. 그 아이가 커가는 모습을 보며 생각한다. 과연 어떤 힘이 아스팔트처럼 메마른 자궁에 생명의 기운을 불어넣을 수 있었을까? 오직 우주의 마음에서 오는 생명 창조의 힘일 때에만 가능한 일일 것이다.

---

* 현대 의학으로는 불가능했지만 빛^{viii}을 만나고 기적적으로 생명을 잉태한 경우가 많다. 그때 태어난 아이들을 빛둥이라고 부른다.

내 안의 선택, 새 희망의
씨앗은 자란다

박정우 교수의 앞날을 생각하며 한역팔목에 답을 구해보았다. 결과는 6.4목. 육체와 마음이 모두 긴 휴식을 취해야 하는 시기에 접어들었음을 의미한다. 온 사방에 흰 눈이 날리고 매서운 북풍이 몰아치고 있는데 과연 어떤 나무가 싹을 틔울 수 있겠는가. 한역팔목은 박 교수가 모든 욕심을 버리고 고요히 내면을 관조해야 할 시기임을 말해주고 있었다.

고통의 시기에서 새로운 희망으로

1998년, 미국 하버드 대학을 비롯해 세계 유수의 명문 대학에서 4개 박사학위를 취득한 박정우 교수가 귀국했다. 그의 가슴은 지금껏 자신이 이룬 학문을 고국의 후학 양성을 위해 쓰고 싶다는 꿈으로 가득 차 있었다. 하지만 국내의 한 대학에서 강의를 시작한 지 불과 몇 개월이 지나지 않아 박 교수의 꿈은 난관에 부딪혔다. 평소 대수롭지 않게 여겼던 복통의 원인이 다름 아닌 말기 위암임을 알게 된 것이다. 그뿐만이 아니었다. 그의 몸 전체에는 갑상선 암이 퍼져 있었다. 불과 40대의 한창 나이에 이제 막 자신의 진짜 꿈을 펼쳐보려는 순간, 박정우 교수는 3개월의 시한부 선고를 받고 나를 찾아왔다.

"최소한 6개월 정도의 시간이 필요합니다. 제발 제게 시간을 주십시오. 제가 지금까지 공부하고 연구해온 것을 학생들에게 전해주고 떠날 수 있도록 제게 마지막 시간을 좀 주십시오."

박 교수가 절절하게 매달렸다. 나 역시 가슴이 아팠다. 하지만 살고 죽는 일이 어디 사람 마음대로 되는 일인가. 우선은 박 교수의 극심한 고통을 덜어주기 위해 빛viit을 주고 매일 빛명상을 하게 했다.

그가 돌아간 후 깊은 고요 속에 잠겼다. 박 교수의 앞날을 생각하며 한역팔목에 답을 구해보았다. 안타깝게도 결과는 6.4목. 이 목은 육체와 마음이 모두 긴 휴식을 취해야 하는 시기에 접어들었음을 의미한다. 온 사방에 흰 눈이 날리고 매서운 북풍이 몰아치고 있는데 과연 어떤 나무가 싹을 틔울 수 있겠는가. 이럴 때는 그저 죽은 듯 고요히 자세를 낮추고 겨울잠을 자야 한다. 한역팔목은 박 교수가 모든 욕심을 버리고 고요히 내면을 관조해야 할 시기임을 말해주고 있었다.

그의 처지가 참 안타까웠다. 오랜 시간 외국 생활을 하며 힘겹게 쌓아올린 공든 탑이 병마로 무너져 내리게 된 것이 아닌가. 세계적인 석학을 잃는 것은 국가적으로도 큰 손실이 아닐 수 없었다. 무엇보다도 자신이 평생에 걸쳐 이룩한 배움을 개인의 명예나 이익을 위해서가 아니라 후학과 나라를 위해 쓰고 떠나고 싶다는 그분의 뜻이 마음에 와 닿았다. 어떡하든 그의 마지막 소원이나마 이루어졌으면 좋겠다는 생각이 들었다.

빛명상에 들어 이런 내 마음을 우주마음에 전했다. 6개월간 고통 없는 시간 속에서 박정우 교수가 원하는 것을 어느 정도 마무리할 수 있겠다는 우주마음의 느낌이 또렷이 다가왔다. 이후 박정우 교수는 매일 아침 빛명상으로 하루 일과를 시작했다. 그리고 나 역시 틈틈이 그분께 빛^viii을 보내드리고 가능한 편안한 상태에서 원하는 일을 하실 수 있도록 해드렸다.

얼마 되지 않아 박 교수는 말기암의 극심한 고통에서 벗어났다. 마치 생명이 되살아나기라도 하는 듯 박 교수의 얼굴에 생기가 오르고 혈색도 좋아졌다. 하지만 그 모든 것이 그저 하나의 과정에 불과했다. 그의 몸속에 있는 암세포들이 잠시 싸움을 중단하고 조용히 잠에 빠졌을 뿐 사라진 것은 아니었기 때문이다. 결국 우주마음과 약속된 시간이 다가왔을 때 그의 병세는 다시 원래의 상태로 되돌아갔고, 박 교수는 학생들에게 강의를 하던 중 교단에서 쓰러지고 말았다.

내가 찾아갔을 때 박 교수는 이미 싸늘한 주검으로 변해 있었다. 나를 본 박 교수의 부인이 눈물을 흘리며 다가와 남편의 마지막 유언을 전했다. 박정우 교수의 유언은 "빛^viii과 함께 자신의 마지막 길을 준비할 수 있음에 감사드리며 자신의 시신에라도 빛^viii을 받을 수 있게 부탁드린다"는 것이었다.

고인의 뜻에 따라 박 교수의 시신이 안치되어 있는 곳으로 따라가 그의 마음에 빛^viii을 가득 주었다. 살아서 이루지 못한 부분에 대해 그의 마음속에 응어리가 남아 있다면 그 또한 모두 풀고 밝고 가벼운 어린이의 마음으로 빛^viii의 세상으로 떠나가라고 했다. 그 순간 그의 영정 사진 앞에 밝혀놓은 촛불이 갑자기 크고 환하게 타올랐다. 이런 내 마음에 '알겠습니다, 고맙습니다' 하고 화답이라도 하는 듯이.

6.4목은 큰 용이 좁은 웅덩이에 갇혀 있는 형상과 같아서 마음먹

은 것과 현실이 달라 답답하며, 어둡고 힘든 상황이 닥쳐 있음을 뜻한다. 그러나 6.4목은 절망과 어려움만 담고 있는 것은 아니다. 봄이 거저 오지 않듯 희망과 행복은 이러한 어려움을 발판 삼아 더욱 따뜻하고 찬란하게 다가오기 때문이다. 그러니 비록 어렵더라도 그 고통의 시기를 잘 넘길 수 있다면 새로운 희망이 싹을 틔워 크게 열려 갈 수도 있는 목이다.

조선시대의 격암 남사고는 일찍이 학문에 통달하고 세상에 큰 뜻을 품었지만 신분의 한계로 인해 떠돌이 행각을 하였을 때 6.4목을 얻은 바 있다. 오랜 세월이 흘러 이 분의 혜안과 남다른 깊이는 후세에 길이길이 전해지고 있다. 눈앞에 닥친 어려움에 비관하기보다는 긴 안목으로 빛viii과 함께 지금 이 순간에 최선을 다하는 것이 지혜로운 선택이다.

운명을 넘어서는 길

내가 울산의 한 호텔에 있을 때의 일이다. 하루는 두 사람의 부축에 의지해 출입문을 들어서는 사람의 모습이 눈에 들어왔다. 뉘엿뉘엿 지는 저녁 해를 등지고 들어오는 터라 사람들의 얼굴은 보이지 않았지만 한 눈에도 나를 찾아온 아픈 사람이라는 것을 직감할 수 있었다.

그는 자신을 박정규 화백이라고 소개했다. 위암 말기의 진단을 받고 마지막 희망으로 나를 찾아 빛viii을 청해왔다. 그는 복수가 차올라 좌측으로 배가 하나 더 있었다. 그의 설명이 아니더라도 암 말기에 저토록 복수가 찼다면 병의 심각성을 짐작할 수 있었다. 엄청난 통증에도 불구하고 죽음을 초탈한 듯한 평화로운 모습이 묵직하게 다가왔다. 삶과 죽음을 바라보는 태도에 관조가 묻어나와 한눈에도 범상치 않은 화백임이 느껴졌다.

인명은 재천이지만 그에게 빛viii을 듬뿍 안겨주었다. 한역팔목에 그의 앞날을 물어보았다. 결과는 7.7목. 산 넘어 산이요, 강 건너 강의 형국이다. 즉 힘들고 어려운 시기로 특히 건강의 경우, 바람 앞의 등불이라는 의미이다.

며칠 후 박정규 화백이 다시 나를 찾았다. 빛viii을 받고 돌아간 후부터 통증이 완전히 가셨다는 것이다. 그러나 상황이 달라진 것은 없었기 때문에 달리 길게 할 말도 없었다. 그가 호전된 모습을 보이는 것은 이승에서 남은 시간만이라도 고통없이 생활하다가 깨끗한 몸으로 하늘에 들라는 우주 마음의 마지막 배려일 것이었다. 두 번째로 빛viii을 받고 난 박 화백은 처음 때보다 훨씬 상기된 반응을 보였다.

"정말 신비하고 알 수 없는 일이군요. 눈을 감고 있는데도 아주 밝은 색채를 봤습니다. 마치 눈을 감고 태양을 바라본 느낌이랄까요? 눈부신 주황빛이 눈앞에 펼쳐지는데 그렇게 찬란하고 황홀할 수가 없었습니다. 그러면서 물 위를 떠다니는 것처럼 편안한 기분이 들면서 머릿속이 상쾌해지는 겁니다. 이 기분을 한마디로 요약하기 힘드네요."

박 화백은 빛분을 들여다보면서 어린 아이처럼 좋아했다. 그런 그가 정색을 하며 마지막 소원을 말했다.

"선생님. 제가 여기에 온 건 위암을 낫겠다고 온 것이 아닙니다. 이런 몸으로 어떻게 살기를 바랄 수 있겠습니까? 마지막으로 이루고 싶은 소원이 한 가지 있습니다."

"마지막 소원이라니요?"

"시간을 좀 주십시오."

박 화백에게는 두 가지 원대한 작품 구상이 있었다. 화백 생활을 시작하고서부터 기획해왔다는 그 작품 구상은 첫째가 낙동강 칠백 리 전경을 그리는 일이고 둘째는 두만강 오백 리를 그리는 일이었다. 그중에 낙동강 칠백 리를 그리는 작업은 이미 오래 전 완성을 했고 이제 두만강 오백 리를 그리는 작업만 남았다고 했다. 그가 중국에 가겠다는 것은 바로 두만강 오백 리를 화폭에 담아오기 위해서였다. 낙동강 칠백 리를 그리는데만 꼬박 4년이 걸렸다고 했다.

"강은 물이고 물은 생명이지 않습니까? 그 생명의 상징을, 특히 남과 북에 있는 생명의 상징을 제 화폭에 하나로 담고 싶기 때문입니다. 남과 북의 생명을 그림으로나마 통합시킨다는 의미이지요. 그래서 낙동강과 두만강을 선택한 겁니다. 남북통일은 정치적 군사적으로만 이뤄지는 게 아니라고 생각합니다. 문화적인 접근도 중요하지요. 화합과 정서로 하나가 되어야만 진정한 통일도 말할 수 있을 테니까 말이에요."

그는 통일을 생각하고 있었다. 그래서 안락한 화실을 마다하고 순교자의 고행처럼 강길을 따라 걸으며 통일에 대한 향불을 피워 올리고 있었던 것이다. 그의 마지막 소원은 낙동강과 두만강 작품이 나란히 하나로 이어지는 모습을 보는 것이다.

"선생님 좀 도와주십시오. 부탁드리겠습니다. 제게는 시간이 필요합니다. 더도 말고 6개월 정도만 시간을 연장해주십시오."

그 절절한 마음이 내게도 느껴지는 듯 했다. 죽음 앞에서도 흔들리지 않고 자신의 작품세계에 매달리는 그의 작가 정신이 더없이 감동적으로 다가왔다. 한역삼목에 답을 구해보았다. 결과는 3번(3목). 기간 연장까지는 가능하다는 해석을 할 수 있는 목이다. 남북 관계를 그림으로나마 풀어보겠다는 그의 의지는 높이 사야 할 것이었다. 진정으로 우주 마음에 기원해 보기로 했다.

"좋습니다. 박 화백님의 진실되고 간절한 마음을 다시 우주마음에 전해 보겠습니다. 시간에 집착하지 마시고 먼저 자신의 마음이 맑고 평화롭게 되기를 기원하세요. 순수하게 맑은 상태가 된다면 그 안에서 다른 일들도 따라 잘 풀릴 수 있을 겁니다."

그 후 중국으로 건너간 그는 다행히 두만강 오백 리 그림을 완성했지만 그림의 완성과 함께 세상을 떠났다고 했다. 놀란 것은 그의 운명 시기였다. 그가 운명했다는 날짜를 듣고 보니 내게 집중적으로 빛viit을 받기 시작한 날로부터 정확히 6개월째 되는 날이었던 것이다. 전율이 일었다. 우주 근원의 빛viit은 한 치의 오차도 없음을, 엄정하심을 새삼 느끼게 하는 대목이 아닐 수 없었다.

한역팔목은 어렵고 힘든 고통의 시기를 넘어서 마지막 희망의 빛줄기를 보여준다. 눈앞에 닥친 어려움이 있더라도 끝까지 최선을 다해보라는 뜻도 포함되어 있다. 그래서 최고의 의사결정이 될 뿐 아니라 정해진 운명을 넘어서는 최상의 길을 밝혀준다.

미래는 결정형 아닌 진행형

한 재벌 회장이 한역팔목의 4.8목을 얻었다. 이 목은 미리 마음 속에 품고 있는 계획과 목적에 따라 적절히 움직인다면 봉황이 새끼를 낳고 귀인을 만나 명성이 올라가며 재운이 올라가니 즐겁고 유유자적한 목이다. 단, 주위에 좋은 일을 하고 베풀고 나눠 복을 지어야 한다. 그래야 귀인이 돕고 좋은 운이 유지된다.

우리의 미래는 이미 결정된 것일까? 한역팔목을 통해 미래를 예측한다고 할 때 우리의 앞날이 이미 결정되어 있다는 의미로 오해하는 분들이 있다. 하지만 '미래未來'란 말 그대로 아직 도래하지 않은 것, 결정되지 않았음을 말한다. 즉, 미래란 아무 것도 결정되지 않았기에 미래인 것이다.

미래는 거저 오지 않는다. 오늘을 포함한 지난날, 우리가 어떤 원인을 만들어 가느냐에 따라 미래는 달라진다. 기름진 땅에 좋은 씨앗을 뿌려 정성껏 물을 주며 키우면 곧 튼튼한 모종을 얻게 된다. 하지만 이 모종도 며칠 물주기를 게을리하고 잡초를 뽑아주지 않으면 곧 시들시들해지고 병충해에 시달려 좋은 결실을 맺기 힘들게 된다. 우리의 미래도 이와 같아서 오늘 하루, 지금 이 순간 나의 행동에 따라 그 결과가 천차만별로 달라진다.

건설 회사를 운영하는 한 재벌 회장이 한역팔목의 4.8목을 얻었다. 이 목은 미리 마음 속에 품고 있는 계획과 목적에 따라 적절히 움직인다면 봉황이 새끼를 낳고 귀인을 만나 명성이 올라가며 재운이 올라가니 즐겁고 유유자적한 목이다. 단, 주위에 좋은 일을 하고 베풀고 나눠 복을 지어야 한다. 그래야 귀인이 돕고 좋은 운이 유지된다.

하지만 이 좋은 운도 지금 나의 행동이 어떠냐에 따라 바뀔 수 있다. 한역팔목은 좋은 운을 유지하기 위해서 무엇보다도 겸손한 마음, 주위를 둘러보며 나보다 못한 사람에게 복을 지을 수 있는 마음을 가져야 한다고 말한다. 지나친 자신감으로 경거망동하거나 주색을 가까이하면 도리어 복이 화로 변해 패가망신하는 운으로 바뀔 수도 있기 때문이다.

당시 이 재벌 회장은 안양에 있는 한 대학의 입찰을 눈앞에 두고 있었다. 회장은 건설업을 통해 성공을 이루었지만 사회 발전에 큰 도움이 되는 일을 하고 싶다는 꿈을 갖고 있었다고 했다. 대학 설립은 회장의 꿈에 한 발 더 다가서는 일이었다.

그분에게 '4.8목'이 어떤 의미인지 설명해주었다. 무척 좋은 운이 함께하고 있으나 그 운을 유지하여 좋은 결과로 얻고자 한다면 결코 방심해서는 안 된다는 충고도 덧붙였다. 주위의 어려운 분들을 조건 없이 돕고 순수한 복을 지으면 더 좋은 결과가 주어질 것이라고 말했다. 회장은 반드시 그렇게 하겠노라며 고개를 힘차게 끄덕였다. 그의 마음이 변하지 않고 행복한 결과가 함께하기를 나 역시 진심으로 바라며 빛viit을 보내드렸다. 행복한 결과를 가져오는 빛viit, 그 행복의 가치를 진심으로 감사하며 주위의 이웃들과 함께 나누는 기쁨을 알게 해주는 빛^{viii}이었다. 빛명상을 마친 회장의 손바닥에 빛분이 살포시 내려앉아 있었다.

이후 회장의 선행에 대한 이야기를 듣게 되었다. 그가 한 종교단체가 운영하는 강원도의 사회복지시설 운영에 상당한 액수를 기부했다는 것이다. 국가의 손길이 충분히 닿지 못하는 곳에서 어렵고 힘든 이웃들을 돕는 복지시설이 운영난을 겪고 있다는 소식을 듣고는 선뜻 거금을 내놓았다고 한다.

입찰일을 하루 앞두고 회장이 다시 찾아왔다. 하지만 그는 내 앞에서 자신의 선행에 대해 입을 열지 않았다. 지금껏 만난 대부분의 사람들은 자신의 선행에 대해 크게 생색을 내거나 겉으로 드러내기를 좋아했는데, 그런 모습과는 큰 차이가 있었다. '자선'이나 '기부'를 한낱 자신의 명예를 높여주는 수단 정도로 여기는 사람도 많은데, 그것은 진정한 복이라고 할 수 없다. 아무리 큰 금액을 기부하고 어려운 사람들을 위해 좋은 일을 베풀어도 그 사실이 겉으로 드러나는 순간 모든 복은 공중으로 흩어져버리기 때문이다.[*]

자신이 행한 일에 대해서는 일언반구도 없이 묵묵히 선행을 실천하는 것, 아니 자신이 선행을 했다는 사실조차 잊어버리는 마음에 진정한 복이 담긴다. '왼손이 한 일을 오른손이 모르게' 하고, '무주상보시無住常報施'를 하라는 말의 의미가 바로 이것이다.

회장은 내일 있을 대학 입찰건을 생각하며 삼목을 뽑았다. 이미 팔

---

* 세금 혜택 등으로 지은 복이 알려지는 경우가 대표적이다.

목을 통해 좋은 결과가 예상된 바 있지만 삼목을 통해 더 단순한 답을 구했다. 결과는 1목. 긍정의 답이었다. 회장이 겉으로 드러나지 않게 조용히 복을 지어왔기에 자연스럽게 예상되는 결과이기도 했다. 다음 날 안양의 한 대학 입찰에 참여한 회장은 큰 어려움없이 원하는 결과를 얻을 수 있었다.

얼마 뒤 회장이 무척 고민스러운 얼굴로 찾아왔다. 외아들의 결혼을 놓고 생긴 문제였다. 아들이 교제 중인 상대가 있는데도 부모는 다른 며느릿감과 결혼하기를 바라고 있었다. 회장은 아들이 유명 국회의원의 딸과 결혼해 자신의 정치적 입지를 넓혀주기를 내심 바라고 있었다. 반대로 국회의원 집안에서는 이 회장의 재력을 원했다. 서로 원하는 것을 주고받을 수 있으니 일종의 정략결혼이었다.

아들의 생각은 달랐다. 아들은 아버지의 기대와는 거리가 먼 평범한 아가씨와 이미 오랜 시간 교제해왔고, 그녀와 자신만의 행복한 미래를 꿈꾸고 있었다. 부모들 간에 이미 혼담이 오간 상황에서 사실을 알게 된 회장은 무척 당혹스러웠다. 회장과 그의 아들은 의견 충돌로 언성을 높이는 일이 잦아졌고 회장의 고민은 깊어만 갔다.

회장에게 이 문제를 생각하며 한역팔목을 뽑게 하니 4.7목이 나왔다. 4.7목은 무엇보다도 무리한 일을 추진할 경우 득실이 반반이라 크게 좋은 일이 없어 매사 신중해야 할 필요가 있는 목이다. 또한 감언이설을 조심해야 함은 물론 무리한 일에 마음을 빼앗겨 욕심을 내어서는 안 된다.

회장이 국회의원 집안과의 결혼이 성사될 수 있도록 해달라며 빚viii을 청해왔다. 하지만 회장의 소원이 과연 양가 모두 행복해지는 길인지는 생각해볼 문제였다. 근원의 마음, 빛viit은 조건 없이 모든 바람을 이루어주기보다는 궁극적으로 행복해질 수 있는 결과를 가져다주는 힘이다. 그러므로 경우에 따라서는 아무리 간절한 바람이라 할지라도 이루어지지 않는 것이 훗날을 위해 더 낫다면 이루어지지 않을 수도 있다. 그뿐만 아니라 한역팔목의 결과가 부정적인 쪽에 더 가깝게 나온 이상 현 상황을 보다 신중하게 고려해볼 필요가 있었다.

돈과 명예, 두 집안이 각각 원하는 것을 주고받을 수 있는 결혼이니 지금 당장은 좋겠지만, 조건으로 이루어진 혼사일 터. 만약 세월이 흘러 서로가 원하는 조건을 채워줄 수 없는 상황이 된다면 결혼은 불행으로 돌변할 수밖에 없기 때문이다. 한역팔목은 이러한 미래를 예견하며 결정을 내리기 전 신중하라고 말하고 있었다. 회장은 다시금 깊은 고민에 빠졌다.

"무슨 말씀이신지는 제가 충분히 알겠습니다. 하지만 지금 상황에서는 일방적으로 퇴짜를 놓기가 무척 곤란한 입장입니다. 이를 어쩌면 좋겠습니까?"

얼마 뒤 회장과 함께 국회의원 내외를 만나게 되었다. 혼담의 당사자인 국회의원의 딸도 자리를 함께 했다. 먼저 아가씨에게 의사를 물어보았다. 그러자 전혀 뜻밖의 대답이 돌아왔다.

"잘 지내긴요, 부모님 말씀이니 잠자코 따라가는 거죠, 뭐."

그녀의 말에 가장 놀란 사람은 무엇보다도 국회의원 내외였다. 지금껏 딸아이가 아무 내색도 하지 않아 이 혼사가 안팎으로 잘 진행되고 있다고 여겼던 것이다. 그녀로 하여금 삼목을 뽑게 하니 2목, 사랑없는 결혼은 결국 행복할 수 없다는 목이 나왔다. 결국 양가의 혼담은 없었던 일이 되었다. 애초부터 맞지 않은 결혼이라는 데 양가 모두 공감했기 때문이다. 회장은 비록 탐탁지는 않았지만 오랜 시간 아들과 교제해온 아가씨를 며느리로 맞아들이게 되었고, 시간이 흘러 이렇게 말했다.

"지금 생각하니 그때 그 결혼이 이루어지지 않은 것이 얼마나 다행인지 모르겠습니다."

시간이 지날수록 지금의 며느리는 여러 가지 면에서 흡족하다고 했다. 밝고 지혜로운 성격에 시부모를 공경할 줄 아는 모습이 볼수록 예쁘다는 것이었다. 무엇보다도 서로 사랑하는 만큼 앞으로 살면서 만나게 될 어려움도 합심하여 헤쳐 나갈 수 있으리라 생각하니 더 큰 안심이 되었다.

한때 혼담이 오갔던 국회의원 집안은 이후 여러 악재를 만나면서 예상치 못한 어려움을 겪었다. 만약 눈앞에 보이는 조건을 바탕으로 결혼을 성사시켰더라면 그 조건이 더 이상 충족되지 못하는 순간 깨어질 수밖에 없었을 것이다. 또한 현실의 조건이란 늘상 쉽게 변하는 연약한 것이다. 평생에 걸쳐 지속되는 결혼을 그처럼 깨어지기 쉬운 바탕 위에 세우는 것이 과연 현명한 선택이라 할 수 있을까. 회장의 빛마음은 한역팔목을 통해 이 점을 다시 한 번 생각해보라고 충고했고, 그 충고를 받아들인 결과는 모두에게 행복이었다.

모든 선택에 결정적인 영향을 주는
한역팔목

국회의원 **주호영**

우리나라는 세계 8위의 경제대국이고 1인당 국민소득이 2만 5천불로 잘 사는 나라에 속하는 편입니다. 그럼에도 불구하고 우리는 늘 어렵고 못 살고 있다고 생각하며, 경제성장에 대해 이야기하고 있습니다. 세계에서 이 정도 살면서 우리나라만큼 경제적인 불평을 하는 나라도 드물다고 합니다. 우리보다 소득이 몇 배나 낮은 나라도 만족도나 행복도가 우리보다 훨씬 높습니다. 우리가 궁핍의 시대를 거치면서 물질적인 측면에 너무 집착해온 결과가 아닌가 생각합니다.

미국 갤럽이 지난해 148개 나라별로 15세 이상 1천명을 대상으로 조사한 결과, 한국 국민 행복지수 순위는 하위권인 97위로 나타나서 충격을 주었습니다. 조사 내용을 살펴보면, 잘 쉬었다고 생각하는지, 하루 종일 존중받았는지, 많이 웃었는지, 재미있는 일을 하거나 배웠는지, 즐겁다고 자주 느꼈는지의 5가지 질문에 대한 답으로 순위를 매겼습니다. 그런데 왜 경제적으로 많은 발전을 이루고 물질적인 풍족함이 예전보다 더 좋아졌는데도 우리 국민들이 행복하다고 생각하지 못하는 걸까요?

이제 단순히 GNP 수치만 가지고 우리는 행복을 이야기 할 수는 없습니다. 우리가 삶의 수준을 판단할 때 물질적인 가치보다는 마음이 느끼는 체감만족도가 중요하다고 할 수 있습니다. 어떤 일에 대해서 만족의 정도는 개인마다 차이가 있고 그러한 결과에 영향을 주는 것은 자신이 후회 없는 선택을 했는가에 달려있습니다.

그렇다면 어떻게 해야 잘 쉬는 것이며, 어떤 행동을 해야 주변의 존중을 받을 수 있을까요? 만족한 삶을 영위하기 위해서는 합리적이고 올바른 선택을 해야 합니다. 그러나 우리는 후회스러운 순간들을 누구나 가지고 있습니다. 돌이켜보면 어쩔 수 없이 그런 결정을 할수 밖에 없었던 경우도 있지만, 대부분 더 나은 선택을 할 수도 있었는데 라는 아쉬운 순간들이 더 많습니다.

진로결정이나 취업문제 등 우리는 늘 크고 작은 선택을 해야 합니다. 이러한 중요한 선택의 순간, 우리는 자신의 경험과 주변의 조언을 토대로 오랜 생각 끝에 마음이 가는대로 결정을 하게 됩니다.

『행복예보 생활한역』은 모든 선택에 결정적인 영향을 주는 내면의 감각에 귀 기울일 것을 말하고 있습니다. 또한 그렇게 하는 실질적인 방법으로서 빛명상을 통한 내면의 정화와 '나'자신을 둘러싸고 있는 자연과 우주의 근원적인 에너지와의 교감을 강조합니다.

낮과 밤이 바뀌고 계절이 바뀌는 자연과 우주의 원리는 인간의 삶에 절대적인 영향을 미치고 있습니다. 『행복예보 생활한역』은 자신의 문제에 대한 내면의 소리와 그 문제에 대한 우리의 경험과 지혜를 넘어선 근원적인 힘이 알려주는 방향을 이해하는 방법을 소개하고 있습니다.

누구나 간단하고 쉽게 사용할 수 있도록 설명되어 있으며 삶의 안내판 역할을 합니다. 그 길로 가든 아니면 다른 길로 가든 갈림길에 서 있는 안내판은 우리가 방향을 선택하는데 아주 큰 도움을 줍니다.

정광호 선생께서 일찍이 우주의 근원적인 힘에 관해서 깊이 천착 穿鑿하시고 많은 분들에게 빛명상을 통해서 내면의 행복을 찾아주는 일을 해오셨습니다. 이번에 출간하신 『행복예보 생활한역』은 우리들에게 좋은 행복을 나눠주는 내용들이 많이 있습니다. 특히 도서판매 수익금은 지친 현대인들의 심신을 정화하고, 미래의 꿈인 어린이와 청소년들의 인성회복과 잠재력을 개발하며, 한국 고유의 전통문화와 명상체험을 실현하는 '빛명상하우스' 건립에 쓰인다고 하니 좀더 좋은 성과들이 많이 나올 것으로 기대합니다.

아무쪼록 『행복예보 생활한역』이 개인의 선택에 많은 도움이 될 뿐만 아니라 국민과 국가를 위한 일에도 현명한 선택의 기준을 제시하리라 생각합니다. 언제나 건강한 삶과 행복한 사회를 위해 밤낮없이 애쓰시는 정광호 빛[viii]선생님의 안녕과 빛명상본부의 무궁한 발전을 기원합니다.

5장

미래를 선택하는
새 시대의 역易

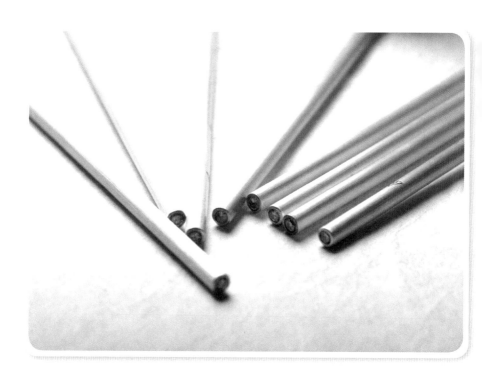

한역팔목은 그 어려움을 지혜롭게 헤쳐가거나 수월하게 넘어설 수 있는 실제적인 힘, 빛[viii]이 함께 하기에 정해진 운명을 벗어나 새로운 운명을 개척할 수 있도록 지평을 열어준다.

하늘을 날던 용은 왜
추락했을까?

1.1목. 이 목은 여섯 마리의 용이 하늘을 향해 올라가는 것과 같아 흔히 하늘, 아버지, 군주를 뜻한다고 말한다. 그러니 이 목을 얻었을 때는 사소한 일에 연연하기보다는 크게 순리에 따라 움직여야 좋은 결과를 얻을 수 있다.

눈앞에서 놓쳐버린 꿈

2002년 16대 대선 당시의 일이다. 당시 선거 직전까지 한나라당의 이회창 후보와 새천년민주당의 노무현 후보가 각축을 벌이고 있었다. 박빙의 접전으로 아무도 결과를 단정할 수 없었다. 김영삼 정부 시절부터 친분이 있던 한 비서관이 찾아와 이번 대선에서 이회창 후보가 과연 대통령에 오를 수 있겠냐며 조심스럽게 말을 꺼냈다.

이 후보 측은 내부적으로 거의 당선을 확실시하고 있는 분위기였다. 한역팔목에 답을 구했다. 삼목의 답은 3목. 결코 낙관할 수 없다는 것이었다. 무언가 알 수 없는 변동수가 잠재되어 있고, 주의하지 않으면 결과가 뒤틀어질 수도 있다는 의미다.

'왜 이럴까?'

좀 더 구체적인 이유가 궁금했다. 팔목에 답을 구했다. 1.1목. 이 목은 여섯 마리의 용이 하늘을 향해 올라가는 것과 같아 흔히 하늘, 아버지, 군주를 뜻한다고 말한다. 그러니 이 목을 얻었을 때는 사소한 일에 연연하기보다는 크게 순리에 따라 움직여야 좋은 결과를 얻을 수 있다. 단, 여기에 한 가지 단서가 따라붙는데, 바로 용이 하늘을 날되 그 움직임이 지나쳐서는 안 된다는 것이다. 즉, 매사 겸손함과 신중함을 잃지 않고 마지막까지 최선을 다하며 큰 뜻에 어긋나지 않도록 정도正道를 따라야 꿈을 이룰 수 있다.

이 뜻을 비서관에게 그대로 전했다. 비록 지금은 이 후보가 우위에 있다고는 하나 결코 자만하거나 방심하지 말고 지극히 낮은 자세로 임해야 꿈을 이룰 수 있으리라고 말했다. 이 말을 들은 비서관은 고개를 갸웃거렸다.

얼마 지나지 않아 이른바 김대업 병풍兵風 사건이 터졌다. 1997년 대선 당시 이회창 씨가 큰아들의 병역 문제를 은폐하고자 했다는 주장이었다. 거기에 이회창 씨와 그의 부인이 거액의 뇌물을 수수했다는 주장도 불거졌다. 이 스캔들로 말미암아 이 후보는 치명적인 영향을 받게 되었다. 김대업의 폭로가 진실인지 거짓인지를 판가름하기도 전에 유권자들의 마음, 특히 젊은 층의 표가 이 후보에게서 멀어진 것이다. 이후 수사가 진행되고 당시 이 후보의 병풍 사건은 허풍虛風 즉 사실무근임이 밝혀졌지만 그때는 이미 너무 늦은 뒤였다.

설상가상으로 이후 12월에는 이회창 후보의 지지율이 큰 타격을 받은 사건이 있으니 바로 노무현과 정몽준의 후보 단일화 선언이다. 노무현 후보는 월드컵 열풍으로 높은 지지율을 얻고 있던 정몽준 후보보다 지지율이 낮았다. 하지만 노 후보가 정 후보와 단일화를 하면서 독보적인 1위를 고수해온 이회창 후보는 상대적으로 큰 위기를 맞이하게 된 것이다.

이때 정몽준 후보의 행로가 궁금하여 한역팔목에 답을 구해보았는데 4.1목이 나왔다. 이 목은 큰 우레가 하늘을 뒤덮는 모습과도 같아 크게 소문난 잔치 먹을 것이 없고, 일마다 장애가 따르니 전진하기 어려운 상황을 말한다. 결국 정 후보의 행보가 자기 자신에게 큰 소득을 가져다주지는 않을 것임을 알 수 있었다. 이후 정 후보는 후보 단일화 여론조사에서 노무현 후보에 패했고, 결국 노 후보 측의 참모 진영과 세력 불화를 견디지 못하고 선거 바로 전날 지지 철회를 선언하기에 이른다.

결국 이회창 후보는 눈앞에서 목표물을 놓쳐버리고 추락할 수밖에 없게 되니⋯. 대권의 꿈은 손안에 잡힐 듯 잡히지 않는 연기처럼 멀리 날아가 버린 것이다.

한역팔목이 예견했듯이 큰일을 도모하거나 높은 자리에 오르고자 하면 도리어 더 마음을 낮추고 겸손해야 함을 새삼 느끼게 된다. 수레바퀴처럼 올라갔다가 이내 또 떨어지고는 하는 것이 운명의 흐름이다. 올라가 있을 때 다시 내려올 것을 생각하여 복을 짓고 더욱 겸손하게 현재에 충실해야 하는 것이다.

비어 있는 자리

1994년 김영삼 정부 때의 일이다. 당시 북핵 문제가 세계적인 관심사로 부각되면서 그 위기를 중재하기 위해 카터 전 미국 대통령이 북한을 방문했다. 이후 김일성 주석은 김영삼 대통령에게 정상회담을 제시했고 남측이 이를 수락하면서 남북정상회담이 급속히 추진되었다. 우리 국민들은 물론 세계인의 이목이 정상회담에 쏠려 있는 가운데 당시 청와대 김 비서관이 이번 정상회담이 무사히 개최되어 소기의 목적을 이룰 수 있겠는지를 물어왔다.

한 개인의 일이 아니라 국가의 앞날이 달려 있는 중요한 일이기에 한역팔목에 답을 구해보기로 하고 잠시 빛명상에 들었는데, 전체의 흐름을 보는 팔목이 아닌 결론을 보는 삼목을 먼저 구해보라는 느낌이 들었다. 즉, 정상회담의 진행 방향이나 이로 인한 파급 효과에 대한 것보다 회담 개최 자체에 대해 먼저 답을 구해보라는 뜻이다.

김 비서관에게 직접 삼목을 뽑아보게 했다. 이 경우 1목은 남북회담이 무난히 성사된다, 2목은 성사되지 않는다, 3목은 진행 과정에 어려움과 변동수가 있으니 점검하고 확인해보라는 것을 의미한다고 설명해주고, 특정한 답을 머릿속으로 생각하거나 바라지 말고 순수하게 우주마음에 답을 구해보라고 했다. 그가 삼목을 뽑았을 때 답은 예상과 전혀 다른 2목, 회담이 성사되지 않는다는 답이 나왔다. 김 비서관이 이상하다는 듯 의아해하는 표정이었다.

"글쎄요, 이미 회담 날짜까지 정해진 상태인데 회담 자체가 성사되지 않는다니, 좀 이해가 안 가네요."

며칠 후 혼자만의 고요한 시간에 깊은 빛명상에 잠겼다. 그런 가운데 의식은 깨어 있으되 마치 깊은 꿈에 잠긴 듯 한 장면을 보게 되었다. 정상회담 테이블 한쪽 끝에 김영삼 대통령이 앉아 있는 모습이 떠올랐다. 그런데 반대편 김일성 주석이 앉아 있어야 할 자리에는 아무도 없고 빈 의자만 덩그러니 놓여 있는 것이었다.

　아무래도 이상한 생각이 들어 팔목에 답을 구해보았다. 결과는 2.6목. 우물을 파도 먹을 물이 고이지 않으니 모든 일이 마음에 세워둔 뜻과 같지 않아 심신이 번거롭고 피곤한 상황을 말한다. 어떠한 이유에서인지는 알 수 없지만 분명 이번 정상회담은 성사가 어렵겠다는 생각이 들었다. 남북회담이 열리기 엿새 전에 나온 답이었다.

　남북정상회담을 겨우 사흘 앞두고 전혀 예상치 못한 일이 일어났다. 김일성 주석이 갑작스럽게 세상을 떠난 것이다. 한민족은 물론 세계의 이목을 집중시켰던 남북정상회담은 그렇게 불발되고 말았다.

　전혀 예상치 못한 변수로 정상회담이 결렬되자 정국은 큰 혼란에 빠졌다. 그중에서 가장 큰 이슈는 북한이 이 혼란한 틈을 타 전쟁을 일으키지나 않을까 하는 우려였다.

　김대중 대통령(당시 아태재단 이사장)이 빛^{viit}을 만난 후 수십 년간 짚어온 지팡이를 놓게 되어 이후로도 종종 동교동 자택을 방문하곤 했는데, 자택에서 빛명상을 마친 후 이희호 여사가 아주 걱정스러운 얼굴로 내게 물었다.

　"이번 일로 전쟁이나 큰 혼란이 일어나지 않을까 걱정스럽습니다."

　잠시 서재로 들어가 삼목에 답을 구해보았다. 고요히 마음을 집중하고 '1목은 전쟁의 위험 또는 전쟁이 일어난다. 2목은 전쟁이 일어나지 않는다, 3목은 좀 더 시일을 두고 지켜보아야할 것이다'라고 생각한 후 목을 뽑았다. 결과는 2목, '전쟁은 일어나지 않는다'였다.

 "제가 그런 문제에 관해 말씀드릴 위치는 아닌 것 같습니다만, 걱정하시는 전쟁이나 큰 혼란은 없을 것입니다. 다만 경제가 문제인데 북한에 큰 기근이 일어나 탈북자들이 많아질 것입니다. 그 점을 대비하시면 좋겠습니다."

 당시 북에서 도발할 수 있다고 판단될 경우를 대비해 남측에서도 무력적인 대비를 해야 하지 않느냐는 논의가 분분했다. 한반도 평화를 위한 회담이 결렬됨으로써 도리어 남북관계가 심각하게 악화되지 않을까하고 많은 사람들이 걱정한 것이다. 하지만 북한의 내부 상황은 우려했던 것과는 차이가 있었다. 김일성 주석의 죽음 이후 북한 정권은 김정일의 권력 이양과 북한 주민을 통제하는 데 집중해 있었고 따로 전쟁을 일으킬 만한 여력이 없었다.

 오랫동안 공을 들여온 일이 마지막 단계에서 악재를 만나 뒤틀어지거나 이루어지지 못하는 안타까운 경우를 종종 보게 된다. 그러한 경우 단순히 노력을 넘어서는 어떤 큰 흐름이 있음을 경험하고 사람으로서 가질 수밖에 없는 한계와 장벽도 인식하게 된다. 하지만 그러한 흐름 앞에 그저 좌절하거나 아파하기만 할 것이 아니라 사전에 악재를 예방하고 준비할 수 있는 힘을 길러둔다면 어떨까? 어쩔 수 없이 어려움을 마주하게 되더라도 이후 좀 더 지혜롭게 대처해 현실을 밝게 열어갈 힘이 있다면 현재의 불운을 미래의 행운으로 바꾸어갈 수 있을 것이다. 위기가 다가오더라도 신중히 대처하면 새로운 기회를 만들 수 있고, 좋은 기회가 오더라도 방심하면 또 다른 위기가 올

수 있다.

  이렇듯 한역팔목의 진정한 가치는 앞날의 예지는 물론 빛viii과 함께 적극적으로 미래를 열어가는 데 있다. 겸허한 마음으로 한역팔목에 답을 구하고 빛의사결정을 하라. 이것이 운에 휘둘리는 사람이 아니라 운을 다스리는 사람이 되는 비결이다.

  화禍를 복福으로 흉凶을 길吉로 바꾸어 가는 지혜로운 삶을 이젠 한역팔목과 함께 해보라. 힘든 당신의 삶을 보다 풍요롭고 멋진 삶으로 바꾸어 타고난 운명까지 바꿀 수 있는 행복을 가져다 줄 것이다.

사람의 마음을 얻는 자,
꿈을 이룬다

그에게 빛viii을 전해드리는 가운데 빛분이 가득 터져나오며 우주 근원의 마음으로부터 '가능하다'는 긍정의 느낌이 들었다. 한역팔목에 답을 구해보니 7.1이 나왔다. 이 목은 사람과 인재를 얻고 오랜 세월 덕을 베푼 것을 거두어들이는 풍요로운 운을 일컫는다.

2007년 어느 날, 고려대학교 법대 교수로 재직 중이던 이기수 씨를 만나게 되었다. 그는 그날 자신의 가슴속에 오랫동안 자리 잡고 있던 꿈을 펼쳐보였다. 대학에 입학하면서부터 언젠가 총장이 되어 모교 발전을 위해 노력하고 싶다는 꿈이었다. 40년이 넘는 시간 동안 모교에서 젊음과 모든 삶의 열정을 바쳐 차츰 그 꿈을 현실화 할 수 있는 기틀을 마련해갔고, 두 차례 총장 선거에도 출마하였다.

하지만 그 꿈은 쉽사리 손에 잡히지 않았다. 열정과 포부만으로는 채워지지 않는 그 무언가가 있었던 것이다. 진심으로 사람들의 마음을 얻고 움직일 수 있는 힘, 그는 바로 그것을 간절히 필요로 했다.

우선 어린아이처럼 마음을 활짝 열고 빛명상을 하시라고 말씀드렸다. 그에게 빛viii을 전해드리는 가운데 빛분이 가득 터져나오며 우주

근원의 마음으로부터 '가능하다'는 긍정의 느낌이 들었다. 한역팔목에 답을 구해보니 7.1목이 나왔다. 이 목은 사람과 인재를 얻고 오랜세월 덕을 베푼 것을 거두어들이는 풍요로운 운을 일컫는다. 이분의오랜 노력이 결실을 거두겠다는 생각이 들었다.

이후 이분과 다시금 만났을 때 지난번과는 달리 표정이 환하게 밝아져 있었다. 빛viit을 만나고 난 후 무엇보다도 자신을 둘러싼 사람들과의 관계에서 몰라보게 큰 변화가 나타났다는 것이다. 그뿐만 아니라 스트레스와 과도한 일정으로 심신의 경직된 부분이 풀려나가고부득이하게 의도하지 않았던 오해나 반목도 해소되어 주위 사람들과상생할 수 있게 되었음에 깊이 감사를 표했다. 결국 이분은 17대 고려대학교 총장으로 당선되어 자신의 꿈을 활짝 펼칠 소중한 기회를얻게 되었다.

사람의 마음을 얻고 또 움직일 수 있다는 것은 그 자체만으로도큰 힘이다. 2003년 당시 청계천 복원 사업의 기획단장을 맡고 있었던박명현 씨 또한 이를 절실히 체험했다. 당시 그는 청계천 사업을 추진하는 실무진으로 20만여 명에 이르는 청계천 상인들의 마음을 돌리고 설득하는 일을 맡았다. 오랜 세월 자신이 뿌리 내리고 살아온삶의 터전을 잃어버릴지도 모른다는 불안감에 20만여 명에 이르는청계천 상인 대부분이 정부의 결정에 큰 불만을 가지고 거세게 저항하고 있었다.

박명현 씨가 처한 상황을 생각하며 삼목을 뽑아보니 2목, 부정적인 답이 나왔다. '사업 추진이 어렵고 많은 난관이 도사리고 있다'는뜻이었다. 하지만 이것은 어떤 정해진 결과를 말해준다기보다는 당시의 상황이 그만큼 어렵다는 의미로 해석하면 될 것이다. (물론 이 말은 빛viit과 함께 현실에서 부족한 부분을 보충해나간다는 전제하에 가능하다.)

따라서 매일 아침 일을 시작하기 전에 5분 정도 빛viit을 생각하며 빛명상을 하고 상인들의 불안과 걱정이 해소되어 좋은 결과로 마무리될 수 있기를 청하게 했다. 그 과정 중에 좀처럼 움직일 것 같지 않던 상인들의 마음이 서서히 열리기 시작했다. 다시 삼목의 답을 구해보니 3목(신중한 고려가 필요하고 위험수가 내재되어 있으므로 조심을 요하는 목)이 나오고, 이후 몇 개월이 지나자 다시 1목(성공과 긍정의 목)으로 바뀐 답이 나왔다.

결국 박명현 씨는 빛viit을 통해 청계천 복원 사업을 성공적으로 이끌어내는 데 큰 기여를 하고 이러한 공적을 인정받게 되었다. 또한 그는 이 일을 계기로 빛viit이 인간의 의지를 초월해 흐르고 있는 보이지

수십만 명의 상인들과의 협력으로 일구어낸 청계천 복원 사업

않는 큰 흐름 또는 운을 바꿀 수 있는 힘임을 인식하게 되었다.

가슴 속의 큰 꿈과 포부를 이루고자 한다면 무엇보다도 주위 사람들의 마음과 도움을 얻을 수 있어야 한다. 많은 인재들이 명석한 두뇌와 빼어난 실력을 갖추고도 자신을 낮추며 겸손할 줄 아는 인성과 지혜는 겸비하지 못해 결국 꿈을 이루지 못하는 안타까운 경우를 지켜보아왔다. 특히 평범한 소시민에 비해 사회 곳곳에 많은 영향력을 미칠 수 있는 지위에 있는 많은 분들이 빛명상을 통해 자신의 내면을 관조할 수 있는 기회를 얻고 진정한 내면의 힘을 기르시기를, 그리하여 자신의 꿈에 한 발짝 더 다가갈 수 있게 되시기를 바란다.

내 안의 예지력을 일깨우다

대통령 선거 직전, 주 의원이 한역팔목에게 답을 구했을 때는 8.8목을 얻었다. 이 목은 좋은 윗사람과 현명한 신하가 만나, 나라 살림이 날로 번창해가는 상으로 특히 손윗사람을 성의 있게 섬기면 좋은 일이 많이 생기는 운세를 말한다.

어려움을 넘어 다가오는 좋은 운

1년간의 특임장관을 마치고 물러서는 주호영 국회의원과의 인연은 조금 독특하게 기억된다. 조금 죄송한 이야기이기도 하지만 그분과의 첫 만남은 기억이 잘 나지 않는다.

"제가 일전에 빛viii 선생님을 한 번 뵌 적이 있습니다만…."

2007년 대선을 앞두고 그를 만났을 때 내게 말했다. 그때서야 우리가 초면이 아니라 구면임을 알게 되었다.

처음 그가 빛viii을 만나게 된 계기는 1994년 부장판사 재직 시절, 교통사고 후유증으로 지친 심신을 달래기 위해서였다. 그때는 자신이 어떤 지위에 있음을 특별히 말하지 않았고 그저 평범하게 몇 차례 빛^{viii}만 받고 돌아갔다. 일반적으로 그러한 지위에 있는 사람들이 자신을 내세우곤 하는 것과는 많이 차이 나는 모습이었다.

그가 다른 지방으로 발령을 받아 근무하다가 당시 한나라당 경선과 대선을 앞둔 2007년, 가까운 국회의원의 소개로 다시 한 번 빛터를 찾게 되었다. 그때도 많은 스트레스와 과로로 심신이 지쳐 있었고 건강도 약해져 있었다. 하지만 이분의 마음은 자기 자신의 건강보다는 오로지 당내 경선과 대선 문제에 쏠려 있었다. 주 의원은 당시 어려움에 처해 있는 나라 경제를 살리기 위해서는 경영자 출신인 이명박 씨가 대통령에 적임자라고 보고 이분을 위해 빛^{viii}을 보내줄 것을 요청해왔다. 사실 당시에는 주 의원뿐만 아니라 박명현 전 상수도사업본부장 등 여러분들에게서 그와 비슷한 청을 받았다.

이처럼 여러 사람의 뜻이 간절하게 모여들기에 그 문제를 놓고 먼저 간단히 삼목을 뽑아보았다. 그런데 삼목의 대답은 2목, 어렵다는 것이었다. 사실 많은 사람들이 예상하는 결과 또한 그와 다르지 않았다. 당내 경선만 놓고 보아도 이미 오랜 시간 자신의 입지를 굳혀온 경쟁자 박근혜 씨에 비하면 그는 겨우 시작에 불과하지 않았는가.

"여러 면에서 어려운 과정이 있겠지만 그 과정을 우주 근원의 에너지와 함께 최대한 지혜롭게 거쳐 또다시 좋은 운을 맞이할 수 있는 힘을 축적할 수 있도록 하십시오."

대통령 선거 직전, 주 의원이 한역팔목에게 답을 구했을 때는 8,8목을 얻었다. 이 목은 좋은 윗사람과 현명한 신하가 만나 나라 살림이 날로 번창해가는 상으로 특히 손윗사람을 성의 있게 섬기면 좋은 일이 많이 생기는 운세를 말한다.

8.8목은 2002년 월드컵에서 한국이 4강에 올랐을 때 얻은 답이기도 하다. 즉 대통령이든 감독이든 윗사람을 중심으로 단단한 팀워크가 형성되었을 때 특히 좋은 결과를 가져다주는 목이다. 주 의원은 자신이 뜻한 바대로 이명박 씨가 대통령에 당선되는 데 일조할 수 있었을 뿐 아니라 이후 당선자 기간 동안 대변인 역할을 맡기도 했다.

끊임없이 좋은 운을 만들어가는 방법

이처럼 비록 좋지 않은 운이지만 한역팔목을 통해 그 어려움 앞에서 보다 겸손한 마음으로 빛viii과 함께하는 가운데 새로이 좋은 운을 연결해 나가는 사례를 곧잘 보게 된다. 대구시가 2011 세계육상선수권대회를 유치하기 위해 러시아의 모스크바 시와 경쟁하게 되었을 때도 그러했다. 국제적 위상만 놓고 보자면 대구가 모스크바에 비해 절대적으로 경쟁력이 떨어지는 것은 물론 국내에서도 평창 동계올림픽 유치에 관심이 모아지는 바람에 상대적으로 주목을 덜 받아 무척 불리한 여건이었다. 거기에 삼성과 같은 대기업의 후원도 받지 못하게 되자 대구시의 도전은 여러 가지로 난항을 겪게 되었다.

대구 정무부시장이자 대회 유치의 실무진이었던 박봉규 씨가 대구시가 처한 어려움을 토로하며 간절히 빛viii을 청했고, 이에 빛명상을 꾸준히 하면서 진심으로 이 일의 진행을 위해 함께 힘을 모을 수 있게 도와드렸다. 그때 얻은 한역팔목의 답은 6.6목이었다.

6.6목은 거친 파도를 헤쳐 나가는 배 한 척과도 같이 보기에는 아

슬아슬한 운을 말한다. 하지만 보기보다 안전해서 약간의 어려움만 이겨내면 좋아질 운세이기도 하다. 이후 대구시는 이 목과 꼭 맞아떨어지는 놀라운 결과를 얻었다. 절대적으로 우위에 있다고 여겨지던 모스크바를 누르고 세계육상선수권대회를 유치한 것이다. 언론에서는 다윗이 골리앗을 이겼다며 대서특필했다. 그 누구도 쉽게 예상할 수 없었던 쾌거였다. 이후 박봉규 씨는 대구 정무부시장 임기를 성공적으로 마치고 한국산업단지공단 이사장으로 취임하게 되었다. 이때 6.3목을 얻으니 이는 음과 양이 아주 조화롭게 어우러져 어려웠던 일들이 한꺼번에 풀려나가는 운세다.

많은 분들이 어려움 속에서도 좋은 운이 계속 열려나가기를 바라고, 또 그러지 못해 좌절하거나 안타까워하기도 할 것이다. 하지만 정작 그 운이라는 것은 애타게 찾는다고 오는 것도, 무작정 노력한다고 얻을 수 있는 것도 아니다. 이 세상에 일어나는 모든 일에는 반드시 원인에 따른 결과가 있는 법이지만 때로 그 원인과 결과의 연결이 인간의 인식 수준을 넘어설 때는 '우연'처럼 보이기도 한다.

그래서 많은 사람들이 '운=우연'이라고 말하지만 오히려 그 반대라고 해야 맞다. 운은 곧 과거(이때 과거란 자신이 살아온 지난 세월은 물론 자신의 부모와 선대까지 포함한 지난 시간을 말한다.)에 뿌려진 씨앗을 바탕으로 싹튼다. 결코 공짜로 주어지는 것이란 없다.

그래서 좋은 운을 받고 싶다면 우선 그 운을 받을 수 있는 복의 씨앗을 뿌려야 한다. 어떤 씨앗은 1년이면 열매를 맺지만 또 다른 씨앗은 10년, 50년, 100년이 걸릴 수도 있다. 하지만 그 기간이 얼마가 되었든 뿌린 대로 되돌아온다는 진리는 변하지 않는다.

겸허한 마음으로 빛viii과 함께 자신의 내면을 밝히는 것이야말로 끊임없이 좋은 운을 만들어가는 가장 효과적인 방법이다. 이 때 나 혼자만이 아니라 주위의 가족, 이웃들과 함께 빛viii을 나누고 더불어 밝아진다면 그 운의 크기는 배의 배가 되어 돌아온다.

한 가지 덧붙이자면, 자신에게 좋은 운이 다가왔을 때 이에 자만하지 않고 겸손한 마음을 가져야 그 운을 놓치지 않고 가능한 한 오래 지속시킬 수 있다는 사실이다. 이 세상 그 누구도 혼자만의 힘으로 살아가는 사람은 없다. 이렇게 내가 살아 숨쉬고 있고 지금 내가 알게 모르게 누리고 있는 모든 것들, 즉 '근원'에 대해 감사한 마음을 가질 때 그 아름다운 마음에 오래오래 좋은 운이 머무른다.

"맑아져라!"

그 물에 빛^{viit}을 봉입하며 크게 소리쳤다.

단 그 한 마디뿐이었다.

빛^{viit}은 시공간의 구애를 받지 않는다.

모든 생명을 만들어낸 원천의 힘이다.

오직 빛^{viit}의 명만 있을 뿐이었다.

함정이 있다, 조심하라!

6.6목은 겉으로 보기에는 무척 위태롭지만 약간의 어려움만 이겨낸다면 좋은 결과를 얻을 수도 있는, 의외로 안전한 목이다. 단, 정도에 어긋나지 않도록 행동하고 복을 많이 쌓아놓아야 한다. 분명 이번 일본 방문이 전체적으로는 긍정적인 결과겠지만, 그 과정이 호락호락하지만은 않겠다는 생각이 들었다. 숨어 있는 위기를 정도로 잘 넘길 수 있는 지혜와 배짱이 필요할 것이었다.

　맑은 하늘만 보고 집을 나섰다가 갑작스레 비가 퍼붓기 시작하면 그것만큼 당황스러운 일이 없다. 하지만 이를 미리 알고 우산이라도 준비하면 최소한 머리는 젖지 않는다. 마찬가지로 어려움이나 함정이 다가올 것을 알면 미리 경계를 갖춰 대비할 수 있다. 1990년대 초반, 일본 기氣도인과 만났던 일을 떠올려보면 한 치 앞도 모르는 앞날을 헤쳐 나가는 데 빛의사결정이 얼마나 중요하고 소중한지 새삼 느끼게 된다.

　스스로 '본주本主'라 칭하던 당대 최고의 기氣도인의 초청으로 일본을 방문한 적이 있다. 일전에 대기업 재벌 회장의 초대로 서울 시내의 한 고급 한정식집에서 그들을 만난 것이 계기였다. 사실 그들과의 첫 만남이 그리 화기애애했던 것 같지는 않다. 전혀 의도하지 않았던 대결을 벌여야 했던 까닭이다. 발단은 재벌 회장을 둘러싼 소문이었다. 평소 지병으로 몹시 고생하던 회장이 빛[viii]을 만난 후 건강을 되찾았다는 사실이 알려지자 오랫동안 회장에게 기치료를 해온 일본 기도인들이 발끈했다. 회장이 건강해졌다면 그것은 어디까지나 자신들 덕택인데 이름 한 번 들어본 적 없는 낯선 한국인에게 그 공이 돌아가다니 터무니없다는 것이었다. 게다가 당시 상류층을 중심으로 기반지며 기팔찌 같은 물품들이 대거 수입되고 있었는데, 만약 회장에 대한 소문을 방치할 경우 자신들의 기물품 수출도 타격을 입게 될 상황이었다. 그들은 소문이 더 커지기 전에 직접 나와 담판을 짓고 명예와 실리를 모두 회복하는 것이 목적이었다.

이들을 만나기 전 먼저 한역팔목에 답을 구해보았다. 2.8목. 사방의 물줄기가 한데 어우러져 화합하듯 풍요와 행운이 넘치는 목이었다. 그러니 마음을 담담하게 갖고 정도正道로 임한다면 좋은 결과가 주어질 것임을 알 수 있었다. 비록 그들이 나와 대결하고자 하지만 빛[viii]이 어느 누구를 제압하거나 우위를 점하기 위한 힘은 아니기에 우선 저들이 있는 그대로 빛[viii]을 인지할 수 있게 해주어야겠다고 생각했다.

세 명의 기도인을 마주한 자리에서 일단 그들에게 빛[viii]을 보내려 손을 들었다. 순간 어쩐 일인지 가운데 앉아 있던 우두머리가 '악' 하고 소리를 지르며 머리를 부여잡았다. 그러더니 자세를 고쳐 앉아 고개를 깍듯이 숙이고는 "센세이, 고멘구다사이!(선생님, 죄송합니다!)" 하고 용서를 구하는 것이었다. 내가 빛[viii]을 보내려고 하는 순간 이마가 깨어질 듯 아프면서 어떤 알 수 없는 힘이 강렬하게 와 닿기에 그

것이 기와는 차원이 다른 빛^{viii}이라는 것을 분명히 인지했다는 것이다. 첫 번째 대결은 결국 그렇게 싱겁게 끝이 나고 말았다.

그로부터 약 6개월 후, 겉봉에 '일본 본주日本 本主'라고 쓰여진 초청장이 날아왔다. 일본에서 정식으로 모시고 싶다는 정중한 제안이었다. 일체의 경비와 비행기 티켓까지 준비한 그들의 세심한 배려에 흔쾌히 초청길에 올랐다. 하지만 마음속에 '혹시나' 하는 생각이 들어 출발하기 전 한역팔목에 답을 구해보았다. 삼목은 1목, 당당히 맞서라는 긍정의 답이었다. 좀 더 자세히 알아보기 위해 팔목을 뽑아보니 6,6목이 나왔다. 이는 참으로 오묘한 목이었다.

6,6목은 겉으로 보기에는 무척 위태롭지만 약간의 어려움만 이겨낸다면 좋은 결과를 얻을 수도 있는, 의외로 안전한 목이다. 단, 정도正道에 어긋나지 않도록 행동하고 복福을 많이 쌓아놓아야 한다. 이번 일본 방문이 전체적으로는 긍정적인 결과겠지만, 그 과정이 호락호락하지만은 않겠다는 생각이 들었다. 숨어 있는 위기를 정도로 잘 넘길 수 있는 지혜와 배짱이 필요할 것이었다.

내 이런 경계심이 무색하리만큼 그들의 환대는 기대 이상이었다. 환영 피켓과 꽃다발, 수많은 사람들의 박수갈채가 더해진 거창한 공항 영접이 이어졌다. 나를 태운 검은 리무진은 미끄러지듯 공항을 빠져나가 도쿄 교외의 한 건물 앞에 멈췄다. 일본 기도인들의 총본부였다. 섬세하고 아기자기하게 꾸며진 일본 전통식 정원과 서양식과 일본식이 적절히 조화를 이룬 접견실, 일본 특유의 풍미가 넘쳐나는 저녁 만찬에 이르기까지 모든 것이 완벽하고 빈틈이 없었다. 그러나 문득 이 완벽한 그림 속에 오직 '나 혼자'라는 생각이 엄습했다. 한역팔목이 내게 일러준 6.6목이 떠올랐다.

천지정기도장天地精氣道場. 일본 기도인들이 행하는 힘의 중심이자 이번 방문의 핵심이 되는 자리였다. 그곳에 들어서는 순간 지금까지의 분위기와는 전혀 다른 엄격함과 위압감이 엄습해왔다. 도장 안에는 기도인 약 70여 명이 얼음으로 만든 조각상처럼 한 치의 흐트러짐도 없는 모습으로 앉아 있었다.

가장 높은 단상 위에 일본 최고의 기도인이 있었다. 양옆으로 커다란 부채를 들고 기립한 아리따운 기모노 여인들까지 대동한 그의 모습은 마치 황제라도 되는 듯 위엄이 가득했다. '센세이 고멘구다사이'하고 머리를 숙이던 그 기도인은 도대체 어디로 갔단 말인가?

"모셔라!"

본주가 큰 목소리로 명하자 종대로 늘어선 기도인 대열의 맨 꼬리에 방석을 하나 내준다. 내 자리가 바로 거기라는 뜻이다. 앞서 흠잡을 데 없는 환대로 경계심을 늦추게 하더니 드디어 숨겨두었던 본심을 드러낸 것이다. 노골적인 천대요, 기선제압이었다.

"가져오너라!"

본주가 크게 외치자 기모노 차림의 아리따운 여인이 물이 담긴 백자 사발 하나를 기도인 앞으로 가져왔다. 그는 나를 힐끗 쳐다본 후 가지고 있던 작은 병의 뚜껑을 열었다. 순간 독한 냄새가 방 안에 가득 퍼졌다. 역한 냄새를 퍼뜨린 액체는 페놀 용액이었다.

"시작하라."

위엄 있는 목소리가 떨어지자마자 기도인의 동작에 따라 70여 명의 기도인들이 한 몸이 된 듯 일사분란하게 따르기 시작했다. 본주가 '오옴, 오~~옴' 하고 선창하자 나머지 기도인들도 '오옴, 오~~~~~옴' 하고 소리를 냈다. 두 눈을 지그시 감고 오로지 사발을 향해 기를 모으는 그 소리는 회오리로 도장 전체를 집어삼킬 듯한 태풍이 되었다. 그렇게 그들은 약 4분 정도를 숨도 쉬지 않고 소리 뱉어내기를 5차례 정도 반복하며 총 20여 분 동안 엄청난 기운을 모아 백자 사발에 주입하였다. 그들의 행위는 단순히 어떤 수련의 차원을 넘어 이교도의 의식과도 같이 음산하고 낯선 느낌이 들었다.

기 주입이 끝나자 마치 태풍의 격랑이 지나간 직후처럼 사방이 고요했다. 도장 안에는 오직 침묵만이 감돌았다. 기모노 여인이 그 백자 사발을 들고 조심스럽게 내 곁으로 다가와 그릇을 내 앞에 두었다. 무슨 영문인지 몰라 '왜? 대체 이 물그릇을 어찌하라고?' 하는 표정으로 본주를 바라보았다. 그러자 물그릇에 코를 대는 시늉을 하며 냄새를 맡아보라고 일러주었다.

사발에 코를 대어보았다. 놀랍게도 조금 전까지 코를 찌르던 악취가 어느 새 완전히 사라져 있었다.

"어, 정말 독한 냄새가 나지 않는군요?"

놀란 내 표정을 보며 일본 기도인들이 크게 흡족한 듯 미소를 흘렸다.

"그러면 마실 수 있습니까?"

내가 물에 입을 대려 하자 기도인이 놀라 팔을 내저었다.

"그 물을 마셔서는 안 됩니다. 유독 성분은 그대로 남아 있습니다. 다만 조금 전만해도 심하던 역한 냄새가 사라졌을 뿐입니다."

내가 고개를 끄덕이자 본주가 자신만만한 표정으로 말했다.

"한국에서는 이런 힘을 내 이제껏 보지 못했고, 정 선생 또한 경험하지 못했을 것이오. 어떻소? 한 번 해보시겠소?"

지금 이 자리에서 그냥 물러날 수는 없었다. 알 수 없는 자신감과 불안함이 교차하는 순간, 본주의 입에서 전혀 예상하지 못한 말이 튀어나왔다.

"피곤하실 텐데 정 선생님을 숙소로 모셔라."

맥이 빠지는 말이 아닐 수 없었다. 그들이 나를 안내한 곳은 최상급 귀빈실. 지금까지 가본 어떤 특급호텔 스위트룸과도 비교가 되지 않는 호화로운 숙소였다. 이번 일정에 대해 생각에 잠겨 있을 때였다. 그 때 '똑똑' 하고 문을 두드리는 소리가 났다.

'이 밤에 누굴까?'

의아한 마음으로 문을 여는 순간, 마치 갓 피어난 꽃봉오리처럼 젊고 아리따운 여인 두 명이 몸의 곡선이 드러날 듯 말 듯한 기모노를 아슬아슬하게 차려입고 서 있었다.

"무슨 일인지요?"

"귀한 분께서 멀리 이곳까지 찾아주시고 돌아가실 때가 얼마 남지 않았으니 오늘 밤 즐겁게 잘 모시라는 명을 받고 왔습니다. 잠시 들어가겠습니다."

"즐겁게 모시라니, 말은 고맙지만 오늘은 피곤해서 일찍 자야겠습니다. 돌아가십시오."

하지만 이미 여인들은 안으로 들어온 후였다. 수줍은 듯 발그레한 볼과 깊게 파인 앞가슴 옷깃 사이로 드러나는 젖가슴의 우윳빛 곡선 그리고 은은한 향내가 코끝을 자극하며 묘한 분위기를 만들었다. 그 순간, 마음속에서 두 가지 생각이 갈등을 일으켰다. 그저 못 이기는 척 따라갈 것인가? 아니, 저 입술에 빠지는 순간 내일은 없다.

바로 그때 일본에 기氣를 처음 전해준 한 도인의 사연이 불현듯 떠올랐다. 그는 20세기 마지막 도인으로 칭송될 만큼 높은 도력을 갖췄으면서도 정작 일본에 와 자신이 키운 제자들에게 무너짐으로써 말로가 초라해지고 말았다. 높은 도력을 자랑하던 도인의 마지막이 왜 그래야만 했을까? 평소 품고 있던 의문이 비로소 풀리는 듯했다. 이들이 벌이는 교묘한 심리전과 밤낮을 가리지 않는 기습 작전에 휘말리지 않고는 배기기가 힘들 지경이 아닌가. 낮에 그들의 위압적인 분위기에 압도되었거나 저녁에 술이라도 먹고 안심하였더라면 일본 여인들 사이에서 완전히 기운을 소진했을 것이다. 순간의 방심이 곧 지난 날 쌓아올린 모든 노력을 허사로 만들어버리는 것이다.

'이런 상황을 알고 한역팔목은 대구에서 뽑은 종합운으로 6.6목을, 이곳에 도착해서는 4.2목의 답을 보여준 것이로구나. 나는 지금 보이지 않는 함정이 도사리고 있는 적지 한가운데 와 있는 것이다.'

이런 저런 생각으로 머뭇거리고 있을 때였다.

"아아, 그러실 필요 없어요. 정 선생님은 그저 아무 걱정 마시고 저희랑 즐겁게 지내기만 하시면 돼요. 그러니 저희보고 이제 나가란 말씀은 말아주세요."

여인들이 교태를 부리며 가깝게 밀착해왔다. 그녀들 또한 호락호락하게 내 말을 들을 기세가 아니었다.

"선생님, 저희는 먼 곳에서 오신 선생님의 여독을 풀어드리라는 명을 받고 여기 온 것입니다. 이 밤 저희와 선생님께는 의무만 있을 뿐입니다."

'의무라…'

아차, 싶어 정신을 다잡으며 물어보았다.

"무슨… 의무가 있단 말이오?"

장미꽃보다 더 예뻐 보이는 한 아가씨가 요염하게 웃으며 말을 이었다.

"그 의무란…, 선생님께서는 밤새도록 저희들을 즐길 의무가 있으시고, 저희들은 그 반대로 즐겁게 해드릴 의무가 있다는 것이지요. 저희는 그것만으로 행복하답니다. 그러니까 아무 걱정 마시고 저희들이 지금부터 행하는 대로 따라주시기만 하세요."

"좋습니다. 그러면 오늘만은 당신들이 이곳에서 자는 것을 허락하겠지만 그 이상을 기대하지는 마시오. 대신 내일 당신들의 주인을 만나면 임무를 완수했다고 대답해주겠소. 그러니 걱정 말고 오늘 밤은 거기서 자도록 하시오."

순간 두 여인이 놀란 표정으로 나를 쳐다보았다.

"만약 그 약속이 지켜지지 않으면 저희들은 어떤 일을 당할지 모릅니다."

"약속은 꼭 지킬테니 걱정하지 마시오."

한 여인이 말했다.

"지금까지 수많은 사람들을 만나보았지만 이런 분은 처음이에요.

이렇게 세심하게 배려해주시니 그 마음에 정말 놀랐습니다. 진심으로 감사드립니다."

그날 밤새 깊은 잠을 이루지 못했다. 분명 날이 밝으면 내 빈틈을 노려 어떤 방법을 동원해서라도 나를 넘어뜨리려는 계략이 있으리라는 직감 때문이었다.

"지난 밤, 즐거우셨습니까?"

다음 날 마주한 본주의 표정에 야릇한 조소가 뒤섞여 있었다.

"네, 아주 즐거운 밤을 보냈습니다."

어색한 웃음을 덧붙여 그의 질문에 응대해주었다. 이어서 이른 아침 그들이 안내한 곳은 다시 천지정기도장이었다. 어젯밤과 같이 70여 명의 기도인들이 한 치의 어긋남도 없는 모습으로 나를 기다리고 있었다. 이번에야말로 진짜 내 차례였다. 가능하겠다는 확신이 들었다. 지난번 태백도사를 만났을 때 술의 독기를 날렸던 경험이 생각났다. 빛^{viii}의 힘으로 술의 알코올 성분을 날릴 수 있다면 이 물에 담긴 유독 성분 또한 정화할 수 있지 않겠는가.

페놀병을 집어 뚜껑을 열었다. 병에 든 페놀을 물그릇에 모두 부어버렸다. 한 방울이든 한 병이든 빛^{viii}으로 정화할 수 있다면 그 양에 구애받지는 않을 것이기 때문이다. 순간 나의 행동을 지켜보던 기도인들의 표정이 굳어졌다. 한두 방울만으로도 독한 냄새를 내는 물질을 통째로 모두 부어버렸으니 기氣차원에서 생각한다면 내 계산을 도저히 이해할 수 없었을 것이다.

"맑아져라!"

그 물에 빛^{viii}을 봉입하며 크게 소리쳤다. 단 그 한 마디뿐이었다.

빛^{viit}은 시공간의 구애를 받지 않는다. 모든 생명을 만들어낸 원천의 힘이다. 오직 빛^{viit}의 명만 있을 뿐이었다. 도장을 울리는 큰 소리에 사람들의 마음도 출렁거렸다.

"됐습니다. 이제 이 물을 확인해보시오."

그들처럼 거창한 의식이나 몇 십 분에 이르는 시간이 걸린 것도 아니다. 그저 한순간 '맑아지라'는 빛^{viit}의 명령이 전부인 이 과정을 보고 기도인들의 표정은 놀람과 경이와 의심이 혼합되어 있었다.

"이 물은 냄새가 나지 않을 뿐만 아니라 유독성분 자체가 정화되었소."

그러고는 곧장 사발을 입으로 가져가 벌컥 들이켰다. 이 모습을 본 70여 명의 기도인들이 눈이 휘둥그레지며 아연실색했다. 오랜 세월 수련에 수련을 거듭한 기도인 고수 70여 명이 모여 힘을 합쳐도 겨우 냄새만 날릴 뿐인데 어떻게 이런 일이 가능하다는 것인가? 페놀용액 한 병을 모두 부었는데 그것을 순간적으로 정화하는 것도 모자라 단숨에 들이마셨으니 기도인들 입장에서는 상상조차 할 수 없는 일이었다. 사발이 기도인들을 거쳐 맨 마지막으로 본주에게까지 갔다.

"정말 대단한 힘입니다. 저의 지난 결례를 용서하십시오. 이제 제가 승복할 수밖에 없습니다."

기도인이 무릎을 꿇고 '고멘구다사이'를 외치니 그곳에 있던 70여 명의 기도인들이 모두 똑같이 무릎을 꿇으며 '고멘 구다사이'를 외쳤다.

이후 일본에서 국내로 대거 수입되던 기氣 봉입제품은 자취를 감추게 되었다. 이날의 일로 몸과 마음을 정화하는 초광력수가 탄생하게 되는 계기가 되기도 했다.

다가올 어려움을 미리 예측하고 있다면 훨씬 수월하게 넘어설 수 있다. 하지만 그 불운이 내가 감내할 수 있는 정도를 넘어 불가항력으로 다가오면 아무리 예상하고 있었다 해도 피하기 어려운 것이 사실이다. 인간의 판단력이나 예측 능력은 물론 기존의 역학 등이 어느 정도 앞날을 예지하고 위험을 알려주는 역할은 할 수 있지만 그 어려움을 극복할 수 있는 실제적 힘은 주지 못하는 것이 사실이다.

한역팔목이 단순히 앞날을 예측하는 것이 전부라면 그 의미가 반감될지 모른다. 하지만 그 어려움을 지혜롭게 헤쳐가거나 수월하게 넘어설 수 있는 실제적 힘, 빛^{viii}이 함께 하기에 정해진 운명을 벗어나 새로운 운명을 개척할 수 있도록 지평을 열어준다. 한 치 앞을 알 수 없는 혼란의 시대이기에 한역팔목과 함께하는 빛의사결정의 의미는 더욱 남다를 것이다.

우주의 마음과 소통하게 하는 한역팔목

한국전문경영인학회 이사장, 서강대 겸임교수,
전 GE Korea 회장, 서양화가 **강석진**

오늘의 지식기반 사회에서 첨단 과학과 기술, 사람 중심 문화가 인류의 삶과 생각의 방식을 근본적으로 바꾸어 왔지만, 인간은 어디까지나 자연의 하나이며 자연에서 돌아와 때가 되면 다시 자연의 품으로 돌아간다는 우주의 기본 원칙에는 아무런 변화가 없다. 앞으로 수천 수만년의 세월이 지나도 이러한 우주의 진리에는 아무런 변화가 없을 것이다.

현대문명과 과학이 탄생하기 이전의 사람들, 그들은 가장 순수하게 우주의 뜻을 받아들이면서 대자연 속에서 자연의 섭리와 함께 살았을 것이며, 아마도 그들은 자연과 하나가 되어 우주의 마음을 믿고 받아 들였기에 우주의 마음과도 소통을 했을 것이다.

약 6,000년 전의 우리 한민족의 조상인 동이족東夷族은 홍익인간

弘益人間의 정신으로 세상의 모든 만물을 널리 이롭게 하는 자연의 순리와 이치대로 살아가는 세상을 추구해 왔다. 약 4,300년 전 단군시대의 한인들은 하늘과 땅과 사람은 하나라는 우주관과 믿음을 가지고 살았으며, 사람의 가운데는 하늘(우주마음)과 땅(대자연)의 이치가 있어 크게 하나라고 한 단군시대 우리 조상들의 우주관은 신라시대의 학자 최치원崔致遠에 의해 한자로 천부경天符經으로 정리가 되어 전해져 내려오고 있다. 단군시대보다 약 2천 2백 년 전, 지금으로부터 약 6천 년 전 자연과 하나가 되어 살았던 우리의 선조들은 우주의 마음과 소통하려 했으며 다가올 미래와 길흉화복을 예측하고 우주의 복을 받는 삶을 추구 했었다.

그 시대의 배달민족의 지도자인 한웅천왕의 아들로서 대동이大東夷의 선구자이며, 천지변화의 기틀을 볼 수 있는 철학, 음양오행론 우주관의 시조이며, 태극기의 팔괘를 처음으로 그린 태호복희씨太昊伏羲氏는 천지자연의 이치를 밝히기 위해 하늘로부터 여덟 개의 우주 팔괘八卦의 획을 받아, 이들의 조화와 변화를 통해 이루어진 64개의 괘상卦象을 통하여 우주의 마음과 소통하며 다가올 미래의 길흉화복을 알아내고 삶의 행복을 추구하고자 염원했다.

우리 한민족의 조상 배달민족의 정신세계, 그 시대의 우주관과 믿음의 뿌리로서 우주의 근원과 소통하였던 우주철학은 그 이후 여러 부족과 민족들에게 전해져 왔으며 그로부터 약 4,000년이 지난 뒤, 지금으로부터 약 2,300년 전 중국 춘추전국시대를 이룬 주周나라에서 이를 학문으로 정리하여 주역周易으로 불리며 인근 아시아 여러 나라로 전해졌다. 조선조 시대의 우리 선조들도 이를 주나라의 주역으로 받아들였으며 사서삼경의 하나가 되었다.

정광호 학회장께서 유년시절 숙명적인 인연으로 만나게 되었던 현자賢者인 도경道峒이 남기고 떠난 주역의 근원지인 우리의 한역韓易에 대한 그의 평생 연구와 재해석을 담은 책과 그로부터 들은 우리 민족 동이족의 뿌리에 대한 이야기를 바탕으로, 지난 30년이 넘는 긴 세월 동안 주역의 근간을 이루는 태호복희씨의 팔괘八卦와 64괘상卦象의 원천에 대한 연구와 시대적인 재해석과 끊임없는 실험과 수정을 통해 한국 최초로 새로운 현시대의 한역韓易으로 정리하였다.

고대 중국에서 내려온 사서삼경四書三經의 하나인 주역周易은 일반인들은 도저히 이해할 수 없는 어려운 분야였다. 이러한 주역을 우리 선조들의 우주대자연의 법칙에 대한 사상인 한역으로 재정리한 정광호 학회장께서는 한역을 통해 누구나 우주 진리에 쉽게 접근할 수 있도록 하기 위해 팔목八目을 개발하여 동양철학의 기본이 되어 온 주역의 근원인 한역을 보다 쉽게 접근할 수 있게 하였으며, 이를 통해 우주만물을 형성하는 근원을 찾고 그 속에서 진정한 나를 바라보는 관조를 통해 태극양의太極兩義와 사상팔괘四象八卦의 진리를 볼 수 있게 하였기에, 2004년 이를 인정한 대한민국 특허청으로부터 한역팔목韓易八目 실용신안 특허를 받았다.

또한 이와 시대를 같이하여 지승 스님의 30여 년간의 상고사에 대한 연구와 역사의 뿌리 찾기를 위한 엄청난 현장 답사 노력의 결과, 주역周易의 근원은 중국이 아닌, 우리의 조상인 배달민족이며 약 6천여 년 전의 상고시대의 천문가이자 사상가이며, 예언자였던 삼황오제三皇五帝의 한 사람인 동방제국의 지도자 태호복희씨의 우주관

음양이론의 우주 팔괘의 논리가 주역의 뿌리이며 기초였음이 확인되었다. 정광호 학회장께서 주역의 근원인 배달민족의 정신세계와 우주관을 대한민국의 한역으로 이름하여 소개하게 된 것은 우리의 정신문화는 물론 잃어버린 우리 역사를 바로잡는 중요한 전환점이 될 것이다.

지난 십여 년간 중국은 국가적인 차원에서 많은 역사학자들을 동원하여 동북공정을 추진해 왔으며, 이를 통해 역사적 기록이 부족한 상고시대와 단군조선시대의 역사뿐만 아니라, 그 이후의 한민족의 소중한 역사를 왜곡하여 중국화하고 있다는 사실은 이미 잘 알려져 있는 사실이다.

주역의 근원이 우리 조상들의 우주관이며 정신유산임이 밝혀진 이 시점에서 한국의 역사학계와 정부가 협력하여 여러 학자들이 참여한 학술연구를 통해 수세기 동안 중국의 정신문화로 인식되어 왔던 주역은 그 뿌리가 우리의 조상인 배달민족의 우주관이며 이를 바탕으로 한 정신세계였음을 깊이 있는 학술연구 논문으로 정리하여 세계의 저명한 학술지에 등재 발표함으로서 오랜 역사의 오류를 바르게 세울 수 있으며, 이는 잃어버렸던 우리 조상들의 소중한 정신문화는 물론 우리민족의 6,000년 역사를 바로 세우는 중요한 과제인 것이다.

지금 우리가 살아가고 있는 첨단 과학의 시대, 미래를 예측하기 어려운 엄청난 변화의 시대에 단 한 번뿐인 우리의 삶을 보람 있게 하기 위해 다가오는 미래의 방향에 대한 지혜로운 결정을 어떻게 내릴 수가 있는가? 우주의 근원에서 오는 우주의 마음, 우주의 빛viii과 함께 하며 내게 주어진 인생을 어떻게 긍정적으로 바꾸어 나갈 수 있을까? 이러한 근본적인 질문 앞에서 한역팔목은 우리에게 우주의 빛 viii 에너지를 통해 우리 내면의 잠재적 예지력이 이끄는 근본의 방향을 줄 것이라고 했다.

마음을 비운 순수한 자세로 빛명상과 함께 한역팔목과 삼목을 대할 때 내 마음의 깊은 곳에서 들려오는 내면의 소리, 우주의 소리를 깨닫게 될 것이며, 내가 뽑은 팔목이 나에 대한 우주의 마음을 정확하게 전하게 될 것 이라고 하신『행복예보 생활한역』의 저자 정광호 학회장님의 이야기를 들으면서, 우리 선조들은 오늘날 첨단 과학시대의 문명인들보다 우주의 마음과 더 가까이 순수한 마음의 소통을 했을 것이라는 생각을 하게 되었다.

대자연과 하나가 되어 자연의 섭리와 함께 살았던 그 시대의 순수한 사람들, 우리의 선조들은 자연과 사람과 우주가 하나임을 믿었던 태호복희씨의 그 팔괘八卦는 이제 한역팔목으로 새롭게 조화되어 우주의 마음과 더 열린 소통을 할 수 있게 하는 새로운 시대를 열어가는 계기가 될 것이다.

마음을 비운 자세로 우주의 마음과 함께하며 빛명상을 할 때 한역팔목은 우리의 내면의 소리를 전해 줄 것이라고 정광호 학회장님께서 말씀하셨다. 현대문명과 첨단과학의 시대를 살아가는 이 시대의 사람들이 우주의 마음과 소통하기 위해서는 자연과 하나가 되어 살았던 우리 조상들의 순수한 마음가짐을 받아들여야 한다는 수천 년의 세월을 초월한 우주마음의 가르침이라고 생각했다.

『행복예보 생활한역』에서 설명하는 '빛명상과 함께하는 한역팔목과 삼목'은 순수한 마음으로 우주마음과 소통을 할 수 있게 하기 위해 빛명상과 함께 한역팔목을 접하게 하는 것은 우주마음이 오늘의 문명시대를 살아가는 현대인들에게 보내주는 특별한 축복이라는 생각을 했다.

수천 년 전의 우리 조상들과 소통했던 우주의 마음은 오늘의 우리들이 빛명상을 통해 소통하려 하는 우주의 빛viii, 우주의 마음과 같은 하나이며, 수천 수만 년의 세월이 지나도 우주의 마음, 우주의 근본에는 아무런 변함이 없을 것이다.

미국의 항공우주국 NASA의 우주과학자였으며 현재 서울대학교 명예교수로 있는 분과 만찬을 하면서 우주에 대한 깊은 토론을 한 적이 있었다. 우주에 대한 관심이 평소에 많았던 나는 우주에 대한 많은 궁금한 질문을 했다. 은하계와 같은 별의 무리는 우주에 얼마나 있느냐는 질문에 그는 인간의 현재 우주과학으로서는 은하계에 얼마나 많은 별들이 있는지 은하계와 같은 별의 무리가 얼마나 있는지는 도저히 알 수가 없으며 영원한 숙제가 될 것이라고 했다.

이러한 우주과학자의 말에 나는 우주에 대한 무한한 신비와 함께 놀라움을 금치 못했다. 작은 별처럼 보이는 저 은하계의 별들도 태양처럼 뜨거운 에너지와 빛을 발생시키고 있으며, 그 별들의 빛이 광속으로 수백 수천 년을 거쳐 지금의 우리 눈에 도달하고 있으므로 얼마나 먼 거리에 있는지조차 상상할 수 없으며, 밤하늘에 보이는 저 우주의 별들도 태양보다 크거나 비슷할 수가 있을 것이라고 했다.

수많은 별들 중의 하나인 태양, 그 태양의 주위를 돌고 있는 지구는 빛과 뜨거운 에너지를 내지 못하는 행성들 중의 하나이며, 수많은 은하계의 별들 주위에도 별들만큼 수많은 행성들이 있을 것이라고 했다. 수많은 행성들 중 지구와 온도가 비슷한 행성들에는 지구의 인간처럼 지성이 있는 생명들이 살고 있을 수도 있지 않겠느냐라는 질문에, 그는 그럴 가능성도 있을 것이라고 대답하면서 인간의 첨단 과학으로도 우주와 대자연의 현상에 대해 알 수 있는 것은 전체 현상의 0.1%도 되지 못할 것이라는 설명을 했다. 우주과학자인 그의 설명에 따른다면 우주와 대자연의 실재현상에 대한 99.9%는 현대 과학의 인식의 범위를 넘어 있으며, 이는 우리 시대에 가장 존경 받는 지식인이신 이어령 초대문화부 장관께서 설명한 초과학超科學의 분야인 것이다.

그분과의 대화는 무한대의 우주의 품 안에 있는 인간과 생명의 존재 의미에 대해 많은 생각을 하게 했다. 우주의 품 안에 존재하는 별들과 행성들, 그리고 그 속의 수많은 생명들을 품에 안고 있는 무한한 우주, 우주의 질서를 지키며 우주 속의 모든 존재들을 자비로운 어머니의 마음처럼 안고 있는 우주의 마음, 빛명상을 통해 우주의 빛viii과 함께 소통을 할 수 있다는 것은 우리에게 주어진 우주 마음의 축복이며 과학의 한계를 초월한 우주의 섭리라고 생각했다.

인간의 과학 지식을 넘어 일어나는 일들을 우리는 기적, 또는 기적과 같은 일이라고 부르고 있다. 그러나 우주의 섭리와 우주의 기준으로 세상을 바라본다면 기적이나 기적과 같은 일들은 있을 수가 없다. 이 모든 기적과 같은 일들은 인간의 지식과 과학의 한계를 넘어 우주의 섭리, 우주의 뜻에 의해 일어나는 일들이며 우주의 마음인 것이다.

한역팔목에 대한 논리와 우주의 초광력과 빛명상의 세계를 설명하는 대부분의 핵심 과제와 논리들은 과학적인 원리로는 설명을 할 수가 없는 초과학의 범위에 해당되는 것이라고밖에 볼 수가 없다. 한 역팔목의 논리와 우주의 초광력은 현재의 과학으로는 설명할 수가 없는 비과학적이기 때문에 사실로 인정할 수 없다는 논리야말로 가장 비과학적이며 비논리적일 수 있다.

이 모든 우주의 현상들을 순수한 마음으로 받아들이고 자연의 하나로 살았던 수천 년 전의 우리 조상들이 어쩌면 오늘의 현대인들의 논리적이고 과학적인 사고보다 우주와 자연의 섭리에 더 가까이 소통을 했을 것으로 생각된다.

우주의 마음과 소통하면서 우주의 섭리를 순수한 마음으로 받아들이려고 하는 빛명상학회 회원님들과 우주의 섭리에 동행하려는 분들은 우주의 빛명상과 함께하는 한역팔목을 통해 우주마음의 소리, 진정한 내면의 소리를 들을 수 있게 될 것으로 믿으며 우주의 근원에서 오는 우주의 빛[viii], 우주마음과 함께 하며 주어진 인생을 긍정적으로 바꾸어 나갈 수 있을 것으로 믿고 있다.

우리가 살아가고 있는 첨단 과학의 시대, 미래를 예측하기 어려운 변화의 시대에 우리의 삶을 더욱 보람 있게 하기 위해 앞으로의 방향에 대한 현명한 결정을 내릴 수 있는 무언의 지혜를 터득할 수 있게 될 것이며 우주의 근원에서 오는 우주의 빛[viii], 우주의 마음과 함께 하며 주어진 인생을 긍정적으로 바꾸어 나갈 수 있게 될 것으로 믿고 있다. 한역팔목은 우리에게 우주의 빛[viii] 에너지를 통해 우리 내면의 순수한 예지력이 이끄는 근본의 방향을 제시해 줄 것으로 믿고 있다.

태평양과 알라스카와 캄차카반도를 오가는 항공 기내에서 무한히 넓은 하늘과 멀리 내려다보이는 흰 구름과 바다를 바라보면서 이 글의 마지막을 정리하고 있다. 빛명상과 함께하는 한역팔목의 새로운 시작이 인간이 우주의 하나이며 자비롭고 따뜻한 우주마음과 함께하는 새로운 인류 여정의 시작이 되기를 기원하면서, 이러한 축복의 계기를 주신 우주의 마음에 감사를 드린다.

또한 시대를 초월하여 우주의 깊은 마음과 소통 할 수 있는 새로운 길을 열어주신 정광호 학회장님의 오랜 세월 동안 주역과 그 근원을 찾는 끊임없는 연구노력과 깨달음의 결과, 우리민족 정신세계와 우주관의 근원인 한역을 재정리하여 빛명상과 함께 우주의 마음과 소통을 할 수 있게 해주신 데 대해 깊은 감사를 드린다.

6장

밝은 미래를 여는
한역팔목

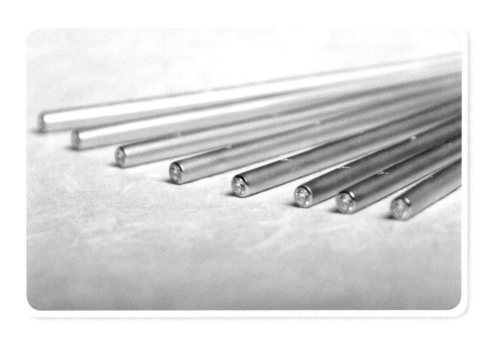

한역팔목은 당장 눈앞의 어려움만을 해결하는데 급급한 도구가 아니다. 그 어려움을 넘어 인생 전체가 평온하고 풍요로워질 수 있는 방법을 볼 줄 아는 지혜를 갖도록 한다. 개인은 물론 가족과 사회, 국가와 세계 전체가 이 미래예지도구를 통해 중요한 선택을 내리고 앞날을 열어간다면 인류의 운명은 어떻게 바뀌어 있을까?

CEO가 점집으로 간 까닭은?

60%가 넘는 CEO들이 자신이 내린 결정을 후회한 적이 있다고 대답한다. 그리고 그 후회스러운 결정은 CEO 한 사람이 아닌 기업 전반, 집단 구성원 전체에 영향을 준다. 우주의 질서에 최대한 부합하는 지혜롭고 현명한 도구, 빛viii과 함께하는 빛의사결정도구이자 미래예지도구인 한역팔목으로는 최상의 의사결정이 가능해진다.

가끔 큰 이슈로 보도되곤 하는 사회 저명인사의 투신은 CEO, 좀 더 넓게 표현하자면 조직의 정점에서 최고의사결정권을 지니는 사람의 심리적 압박감이 얼마나 큰가를 극단적으로 보여준다. 사실 CEO란 흔히 떠올리듯 책상에 앉아 큰소리나 탕탕 치는 역할은 아니다. 그보다는 끊임없이, 때로는 가혹할 정도로 결정에 결정을 거듭해야 하는 자리다. 통계에 따르면 우리나라 CEO는 하루 평균 4번 의사결정을 하며, 그 중 38%는 일주일에 한 번, 30%는 한 달에 한 번 이상 회사의 사활이 걸린 결정을 한다.

문제는 그 결정이 모두 옳지만은 않다는 데 있다. 60%가 넘는 CEO들이 "자신이 내린 결정을 후회한 적이 있다"고 대답한다. 그리고 그 후회스러운 결정은 CEO 한 사람이 아닌 기업 전반, 집단 구성원 전체에 영향을 준다.

　이러한 이유로 CEO는 스트레스가 많다. 판매실적이 떨어지고 줄지어 돌아오는 어음에 입이 바짝바짝 타들어가도, 하루가 멀다 하고 접대와 미팅, 밤늦은 술자리가 이어져도 어쩔 수 없다. 그뿐만 아니라 시간에 쫓긴다. 아무리 정확하고 지혜로운 결정이라 해도 적절한 시기를 놓치면 무용지물이 되기 때문이다. 하지만 이 모든 악조건 속에서도 CEO는 계속 의사결정을 해야 한다. 최선을 다해 문제의 핵심을 파악하고 해결방향을 찾으며, 때로는 주위 사람들의 반대도 무릅써야 한다. 그래서 CEO는 외롭다. 그 또한 인간이기에 불안하고 자기 자신을 믿지 못할 때도 있으며 위안을 필요로 한다. 하지만 아무리 가까운 사이여도 속마음을 쉬이 털어놓고 이야기나 고민을 나누기란 쉽지 않은 법이다.

　상당수의 CEO들이 의사결정에 앞서 점집을 찾는다는 것은 이미 공공연한 비밀이다. 수백억대 자산을 재테크하거나 중요한 계약에 사인을 하기 직전, 투자나 사업 확장 등 여러 결정적인 순간에 유명하다는 도사나 점집, 철학관을 찾는 것을 오랜 관습으로 삼는 경우를 어렵지 않게 볼 수 있다.

　물론 점집이나 무속인을 찾는 것이 비단 CEO에게만 국한된 일은 아닐 것이다. 요즘 젊은이들이 가장 많이 모인다는 서울 강남역 일대에 가면 길가의 한 천막 앞에 젊다 못해 앳되기까지 한 젊은이들이 늘어서 있는 광경을 어렵지 않게 볼 수 있다. 이야기를 들어보니 취업이나 연애에 백발백중이라고 소문난 점집이란다. 타로점도 보고 별자리 운세, 사주도 봐주는데 꽤 용하다고 소문이 난 터라 점을 보려면 한두 시간은 족히 기다려야 한단다.

　나이 든 사람들이야 과거의 관습에 따라 혹은 세상 살다보니 하나 둘 제 맘대로 안 되는 일이 늘어가는 까닭에 이따금씩 점집을 찾는다 치자. 그런데 이렇게 새파랗게 젊은 청춘들이 왜 군이 점집을? 그것도 과학적 고등교육을 받으며 자라난 세대가 점집 앞에 늘어서 있는 이유는 대체 뭘까?

　인류 문명 초기, 과학이 발달하지 않고 자연이나 세상의 이치에 대해 잘 알지 못하던 시절에는 신神에 의존하거나 동물이나 주물을 숭앙하기도 했다. 하지만 과학이 점차 발달하면서 그러한 일들은 무지의 소치이자 무지몽매한 것으로 여겨졌다. 특히 지난 20세기는 눈부신 발전을 거듭한 과학이야말로 인간의 행복을 책임져줄 절대적인 것으로 자리 잡은 시대였다. 과학이 인간의 삶을 더욱 윤택하고 편리하게 해줄 뿐만 아니라 암도 정복하고, 식량문제도 해결하며, 우주의 신비까지 풀어주리라 낙관했던 것이다.

　하지만 21세기가 겨우 10년 남짓 흐른 오늘날, 과학이 제시했던 핑크빛 미래란 어쩌면 인간의 환상이요 꿈이 아닐까 회의하게 된다. 과학으로 이룬 편리함과 풍요로움은 빙산의 일각일 뿐, 그 아래에는 미처 예상하지 못했던 부작용과 반대급부가 감당하기 어려울 정도로 밀어닥치고 있기 때문이다.

　의술이 발달해서 제 아무리 좋은 약과 장비, 기술이 개발되었다지만 그 어떤 항생제도 듣지 않는 슈퍼 변종 박테리아가 생겨나 인간의 생명을 위협한다. 또한 급변하는 지구온난화로 지진, 태풍, 가뭄, 폭염, 냉해, 폭풍우 등이 세계 각국에서 발생해 엄청난 피해와 두려움을 안겨주고 있다.

최첨단이라는 슈퍼컴퓨터로도 당장 눈앞의 기상이변을 예측할 수 없는데 치열한 경쟁과 불안한 미래 속에서 나 자신의 앞날을 이성적으로 예측하고 판단하는 것은 그 얼마나 더 어려운 일인가? 그러기에 이 불안한 현실을 살아가기 위해서는 그것이 점이든 무속이든 내면의 불안함을 해결하고 미래에 대해 가장 정확한 답을 일러줄 수 있는 무언가를 기대할 수밖에 없게 된 것이다.

하지만 이미 점과 무속은 많은 부분에서 한계를 드러내고 있다. 하루는 한 여인이 찾아와 눈물로 하소연했다. 형편이 어려워 사글세를 전전하는 상황인데 엎친 데 덮친 격으로 남편의 병까지 위중해져 하루하루가 괴롭다는 것이었다. 너무 답답한 마음에 유명 무속인을 찾아갔는데 도리어 고통만 더한 셈이 된 것이다. 당시 김일성 주석의 갑작스런 죽음과 김대중 대통령 당선 등을 족집게처럼 맞춰 세간에 '신이 선택한 여자'로 알려진 유명 무속인이었다. 그런데 그녀가 큰 굿을 하지 않으면 안 된다고 잔뜩 겁을 주는 바람에 감당하기 힘들 정도의 금액을 지불하고 그녀의 말을 따르게 되었다는 것이다.

"제 형편에 너무 큰돈이라 힘들다고 하니까 사글세 보증금이라도 빼서 가져오라고 하더군요. 돈보다는 남편 목숨이 중하지 않냐면서요."

결국 그녀는 마지막 남은 재산까지 탈탈 털어 무속인에게 가져갔다. 하지만 이후로도 남편의 건강은 나아질 줄 몰랐고, 그녀의 어려움은 더욱 깊어졌다.

물론 모든 무속인들이 이 같은 피해를 주는 것은 아니겠지만 심심치 않게 이런 이야기를 듣게 되는 데는 분명 이유가 있을 것이다. 또한 이들은 지나간 것은 곧잘 맞히지만 앞으로 다가올 것은 잘 맞히지 못하는 경향이 있고, 앞으로 다가올 일 중 나쁜 것은 잘 맞히지만 좋은 것은 잘 적중되지 않는다.

그 이유는 바로 무속인의 힘이 신神에게서 오는 것이고 신의 힘은 한계가 있기 때문이다. 다시 말해 내림굿을 한지 얼마 안 되었을 때는 말 그대로 신통하게 예언이 잘 적중하기도 한다. 하지만 그렇게 1~2년이 지나고 나면 이내 무속인에게 영향을 주는 신(몸주)도 꾀가 생겨 정확한 답을 주지 않거나 여러 사람을 상대하는 가운데 받은 탁한 파장으로 앞날을 정확히 내다보지 못하게 된다. 즉, 앞을 내다보는 힘 자체가 신에 달려 있기 때문에 그 신이 항상 머물러 있지 않는 한 한계가 있을 수밖에 없다.

하지만 대부분의 무속인들은 그러한 상황이 되어도 생계를 이어나가야 하기 때문에 그때부터는 과장된 어법이나 심리술을 이용한 기선 제압, 상담자의 불안한 마음 상태를 이용한 거짓말 등을 하게 마련이다. 상담자의 입장에서 보면 혹 떼러 갔다가 도리어 혹 붙이는 격이다.

이후 이 여인 외에도 수차례 그 무속인의 횡포에 대한 이야기를 듣게 되었고, 우연히 그 무속인을 마주한 자리에서 이렇게 이야기해준 적이 있다.

"과거에는 어느 정도 예언이 적중했는지 모르겠으나 이미 당신에게 머물러 있던 신의 에너지가 모두 소진되어버렸으니 보다 겸허한 마음으로 주위 사람들을 돕고 살아가야 할 것이오. 가진 것 없는 사람의 마지막 남은 재산은 바로 돌려주시오."

　결국 나를 찾아왔던 여인은 그 무속인에게서 사글세 보증금을 돌려받게 되었고, 무속인은 잠시 공부를 더 하겠다며 깊은 산속으로 들어갔다.

　우주의 진리를 이해하고 행복한 삶을 누리는 데 있어 종교나 과학, 점이나 기존의 역학으로는 한계가 있음을 인지하게 된 이상 인류 문명은 이제 새로운 의식의 패러다임 변화를 꾀할 수 밖에 없다. 그 시발점은 인간의 한계를 초월하여 보충해주면서도 절대적인 우주의 질서에 최대한 부합하는 가장 지혜롭고 현명한 도구, 빛[viii]과 함께 하는 빛의사결정도구이자 미래예지도구인 한역팔목이다. 사람이라면 누구나 태어날 때부터 내면에 부여받은 '내 안의 진정한 나', 빛마음과 거기에서 우러나오는 순수의 예지력이 한역팔목을 통해 펼쳐진다. 이 힘은 신통력처럼 순간적으로 왔다가 사라지는 것이 아니라 당신 내면의 가장 깊은 곳에서 살아 숨 쉬고 있으며, 한역팔목은 당신 안에 잠자고 있는 그 힘을 외부로 표출시켜주는 빛[viii]의 도구다.

2012년 12월 19일 오후 6시 3분

개인과 기업, 국가적 차원의 중요한 문제들을 인간의 논리나 이성으로 결정하는 것은 최선의 선택일지는 모르나 최고의 선택은 될 수 없다. 그것은 인간 생활에 절대적인 영향을 미치고 있는 자연의 순리와 영향력을 배제한 결정이기 때문이다.

승리예감, 최후 1번

삼목 1번 (·)

몇몇 분의 지인들과 오전 '국운청원 감사제'에 참석했던 회원님들께 보낸 메시지의 내용이다. 한역팔목이 뽑아준 오후 6시 3분 최종의 삼목三目은 1번(·)이었다.

지난 2012년 12월 12일, 박근혜 대통령 후보가 대한민국 18대 대통령이 되기를 간곡히 바라는 분을 통하여 대통령이 될 것을 예고해주고, 박근혜 후보에게도 남은 기간 주변의 안정과 건강 등등의 내용을 담은 편지를 전달한 적이 있다.

당시 뽑은 한역8목이 2·2 목(目)이 나왔기 때문이다.

2·2목 (: :)

　이는 요약하면, 신념을 갖고 정도로 나간다면 귀인이 도와, 메마른 땅이지만 단비가 내려 만물을 촉촉이 적셔주는 큰 운이 함께 할 수 있다는 목의 해답이다. 돌이켜보면 12월 1일 임상규 박사로부터 한 통의 증서를 받고 팔목을 뽑았을 때는 6·6 즉, 6목目이 동일하게 두 번 뽑혔었다.

6·6목 (⫶ ⫶)

"무척 힘든 상태를 예고하는 목目"의 답이 나왔다. "사즉생死卽生, 고진감래苦盡甘來"만이 승리를 가늠할 수 있다는 답을 드리고 금년도를 마감하고 우리나라 국운 상승을 위한 빛여행을 대만으로 떠났다. 여행 마지막 날 동쪽 바다에 가서 잠시 "바다명상"을 하고자 했는데 지진과 주변 국가에서 발생한 강한 태풍의 영향 등으로 결국 행선지를 바꿔 장개석 총통 기념관을 보기로 했다.

이곳 기념관에서 한 사진을 만났고 현지 가이드를 통해 고故 박정희 대통령에 관한 사연을 다시 듣게 되었다. 한국으로 돌아가면 진심으로 박 후보의 청와대 입성을 도와야겠다는 생각을 군히게 되었다.

이제는 옛날이 되어버린 박정희 대통령에 대한 나 개인적인 이야기들이 참 많이 남아있다. 보문단지에서의 만남, 화왕산 어느 도인과의 이야기, 그리고 5년 전 고故 박태준 명예회장과의 찻자리 등등… 그 내용은 다음 기회에 이야기하기로 한다.

(박정희 대통령 뉴질랜드 일화 2012. 2. 10 빛카페 참조www.viitcafe.com)

돌이켜보면 대선후보가 정해지기 전인 2011년도에 한 중앙지 기자와 몇몇 지인들과 점심식사를 하던 중 차기 대선 후보를 묻기에 박근혜 대표와 문재인 후보를 찾아내고 또 한 사람이 보이는데 잘 모르겠고, 결국은 맞대결이 될 것을 예고한 적이 있다.

무엇보다도 우리는 우리의 미래인 청소년들에게 올바른 국가관과 민족의 뿌리, 즉 역사를 제대로 알려주고 날로 피폐해져가는 인성과 예절을 가르쳐야 할 필요성을 공감하고 있었다. 그래서 서기西紀를 넘어 단기檀紀를 그리고 그 이전에 이르는 6,000년의 역사를 지닌 최고의 긍지를 가질만한 민족임을 후손들에게 일깨워주어야 했기에

(한 획이 땅위에서 하늘을 향해 피어오른 구름빛기둥)
2012년 12월 19일 오후1시경 대구서촌초등학교 교정

여, 야를 떠나 보수, 진보도 아닌, 지역은 물론 각 계층을 초월한 대국민화합으로 새로운 우리의 튼튼한 국가를 이룩하고 온 국민을 풍요롭고 행복하게 해줄 차기 지도자가 나오기를 우주마음에 항상 청원해오고 있었다.

12월 19일 투표날, 몇몇 지인들과 함께 1986년 초겨울 처음 "빛^{viit}"을 만났던 자리에 가서 투표율을 최대한 올리고 특히 부동층의 투표 방향을 생각하며 청원과 함께 감사를 올리는 국운을 위한 산행을 하기로 했다.

"우주근원의 마음"으로부터 느낌이 왔다. 2000년과 2003년, 두 번에 걸쳐 빛터에 직선 무지개를 내려주신 '특별한 장소'에서 간단한 명상으로 마감하라는 뜻이었다. "지성이면 감천"이라 하지 않았던가! 오후 1시경, 투표장인 서촌초등학교에서 투표를 마치고 나오는데, 교정에서 팔공산 빛터 쪽 하늘을 보라는 우주마음의 느낌이 왔다.

차를 태워준 전명배 씨에게 동시에 "하늘을 보라!"하고 쳐다보니, 팔공산 빛터 쪽에서 찬란한 한 획의 구름빛기둥이 땅에서부터 피어올랐다. 대통령후보 1번의 당선 예고였다. 우주마음은 언어나 그 무엇으로도 소통이 되지 않으니 이렇게 '초자연적 현상'을 통하여 알게 하신다.

한 치 어김없는 "근원에서 오는 약속"의 상징이기에 고개 숙여 답해 올린다. 그래서 옛말에도 나랏님은 그 나라의 국운과 시운에 따라 하늘이 낸다고 하지 않았나라는 생각이 든다.

이러한 빛^{viit}의 형상은 가끔 우주마음께서 빛행사나 특별한 프로그램 진행 중 그 자리에 함께하는 모든 회원들에게 '빛^{viit}의 현존'을 보여주는 익숙한 장면이기도 하다.

　대한민국의 첫 여성대통령으로서 역사에 길이 빛나기를 바라는 마음을 담아 다시 한 번 우주근원이신 빛마음에 두 손 모아 올린다.

　대한민국 전 국민도 한마음 한뜻 되어 힘차고 밝은 미래를 향하고, 동방의 찬란히 떠오르는 빛나는 나라! 세계를 주도하며 태평양을 향해 지구촌 전 인류의 행복한 미래까지 만들어가는 즐거운 희망의 국가를 이루어 내기를 바란다.

The Best Invention 인류 최고의 발명품, 한역팔목

좋은 것이든 나쁜 것이든 봄이 지나 여름, 가을, 곧 겨울이 다가오듯 순환하고 바뀌어 움직이는 것이 운의 본질이다. 이처럼 우리를 둘러싼 상황은 끊임없이 바뀌어 돌고 돌며 운도 함께 변화한다. 이때 한역팔목은 당장 눈앞의 상황에 눈이 어두워져 미처 보지 못하는 변화의 양상을 정확하게 포착해주고 적절히 대응할 수 있도록 도와주는 "빛의사결정의 도구"다.

한역팔목은 인간의 과학과 기술만으로는 흉내 낼 수 없는 우주근원의 힘, 빛[viii]이 내 안의 진정한 나 – 빛마음과 연결되어 앞날을 밝게 열어가도록 도와준다는 데 그 고유성이 있다. 한역팔목과 함께하는 빛의사결정의 핵심은 빛[viii]에 있다. 누구나 공통적으로 좋은 운을 맞이하는 시기가 있는가 하면 아무리 애써도 좋지 못한 운을 피하지 못하는 시기도 있다. 이 때 한역팔목은 짙은 안개 속에 갇힌 듯 눈에 보이지 않는 운의 흐름을 또렷이 수면 위로 드러내주고 그 가운데 우리가 어떤 선택과 결정을 내리는 것이 가장 현명한지 판단할 수 있도록 도와준다.

오랜 세월, 한역팔목과 함께 다양한 사람들의 다양한 상황을 지켜보면서 한 가지 결론을 얻게 되었다. 이 책에서 여러 차례 반복해 말해온 것이기도 하지만, 당장 눈앞에 좋은 운 또는 나쁜 운이 왔다고 자만하거나 실망하지 말라는 것이다. 좋은 운이 왔다면 더욱 겸손한 마음으로 생명근원의 빛[viii]과 함께 하며 진심의 복을 짓고 근원에 대한 감사의 마음을 가질 때 그 운이 더욱 밝고 오래 이어진다. 반대로 좋지 않은 운이 와 있을 때는 빛명상을 통해 그 부족함을 보충하고 어려움을 좀 더 수월하고 평탄하게 지나갈 수 있도록 희망의 발판을 마련하면 된다.

특히 한역팔목의 답이 자신이 바라지 않는 결과나 좋지 않은 것이라 하더라도 섣불리 실망하거나 부정하는 마음을 가질 필요는 없다. 일례로 황상구 전 고검장의 아들이 대학 입시를 앞두고 한역팔목에 답을 구한 적이 있다. 오랜 시간 아버지처럼 훌륭한 법조인이 되리라 꿈꾸어온 그 학생은 서울대 법학과를 목표로 하고 있었다. 둘째가라면 서러운 수재였던 까닭에 가족들은 물론 학교에서도 이 학생의 서울대 진학에 큰 기대를 걸고 있었다.

하지만 대학 입학고사를 얼마 남겨놓지 않고 한역팔목에 답을 구해보았더니 참으로 서운한 답이 나왔다. 기대와는 달리 서울대 진학이 힘들다는 결과가 나온 것이다. 이에 누구보다도 황 고검장의 실망이 컸다. 그 스스로 빛[viii]을 통해 많은 변화를 체험했던 터라 내심 아들의 입시 문제에도 기대를 했던 것이다.

나 역시 한역팔목의 답이 의아하기도 하고 안타깝기도 했으나 그렇다고 억지로 결과를 만들어낼 수는 없는 일이라 일단 최선의 결과가 나올 수 있도록 빛[viii]을 보내주었다. 하지만 입시 결과는 한역팔목의 답대로 낙방이었다. 이에 황 고검장 부자는 크게 실망했으나 이내 새로 다가올 기회를 착실하게 준비해나갔다. 이듬해 대학 입시에서 황 고검장의 아들은 오랜 시간 자신이 꿈꾸었던 바람을 드디어 이루게 되었다. 그리고 대학 생활을 해나가는 가운데 황 고검장이 말하기를 아들의 재수가 오히려 지금 와서 보니 새옹지마塞翁之馬와 같다는 것이었다.

이야기인즉슨 당시 학생운동으로 대학가가 한창 시끄러운 시절이었는데, 만약 자신의 아들이 재수를 하지 않았다면 유난히 강경한 학생들이 다수를 이루는 환경에 영향을 받을 수도 있었으리라는 것이다. 이제 와서 보니 한 해 재수를 하기는 했지만 주변의 복잡한 상황에 휩쓸리지 않고 학업에 열중할 수 있어 오히려 잘된 면도 있었다는 것이다.

좋은 것이든 나쁜 것이든 봄이 지나 여름, 가을, 곧 겨울이 다가오듯 순환하고 바뀌어 움직이는 것이 운의 본질이다. 하루의 태양이 떠올라 낮이 오면 얼마 지나지 않아 해가 지고 달이 떠오르는 밤이 온다. 이처럼 우리를 둘러싼 상황은 끊임없이 바뀌어 돌고 돌며 변화한다. 한역팔목은 당장 눈앞의 상황에 눈이 어두워져 미처 보지 못하는 변화의 양상을 정확하게 포착해주고 적절히 대응할 수 있도록 도와주는 "빛의사결정의 도구"다.

시야를 좀 더 넓게 가지고 우리의 삶 전체를 조망해본다면 단순한 운의 흐름보다 더 중요한 것이 있음을 알 수 있다. 좋다가 나빠지기도, 나쁘다가 좋아지기도 하는 운의 차원을 넘어 우리의 인생 전체가 과연 어떤 곡선을 그리고 있는지에 대한 문제가 바로 그것이다.

다시 말해 한평생 동안 고통과 어려움 속에서 좋은 시절이 무엇인지 알지도 누리지도 못하고 가는 사람이 있는가 하면, 선천적으로 물려받은 좋은 운과 환경을 바탕으로 큰 어려움이나 고통없이 편안한 삶을 펼쳐가는 사람도 있다. 그렇다면 왜 누구는 고통 속에서, 또 누구는 편안함과 안락함 속에서 사는가? 그 원인은 어디에 있는 걸까?

삶의 전체적인 흐름, 운의 파도가 깊은 심연에 가라앉아 있는데 그 안에서 오르락내리락 작은 곡선을 그려본들 결국 바다 속의 무거운 움직임에 불과할 뿐이다. 반대로 그 삶의 전체적 흐름이 밝고 풍요로워 잔잔한 햇살과 같다면 작은 부침이 있을 수는 있지만 이내 밝고 평온한 상태로 되돌아오게 마련이다.

그러니 우리가 진정 행복해지고자 한다면 근본적으로 삶 전체를 밝고 건강하게 만들어나가는 것이 더 중요하다. 그래서 빛의사결정학의 도구인 한역팔목은 눈앞의 운의 흐름에 국한될 것이 아니라 보다 깊이 삶을 조망하는 지혜를 갖고 빛viit과 함께 미래를 열어가라고 말한다. 당장 눈앞의 어려움만을 해결하는 데 급급할 것이 아니라 그 어려움을 넘어 인생 전체가 평온하고 풍요로워질 수 있는 방법을 볼 줄 아는 긴 안목과 여유, 지혜를 가지라는 것이다. 그러니 개인은 물론 가족과 사회, 나아가 국가와 세계 전체가 빛의사결정학을 바탕으로 중요한 선택을 내리고 앞날을 열어간다면 향후 대한민국을 비롯한 인류의 운명은 어떻게 바뀌어 있을까?

빛의사결정을 하는 데 한역팔목과 같은 손쉬운 미래예지도구가 함께하는 까닭에 우리는 어려운 학문에 기댈 필요도, 많은 오류와 한계를 지닌 인간적 판단에 의존할 필요도 없다. 다만 누구나 순수하게 자신의 내면에 잠자고 있는 빛마음을 일깨워 스스로의 앞날을 대비하면 된다. 또한 현실을 아름답게 변화시킬 수 있는 우주 근원의 빛viii이 한역팔목과 함께 하기에 행복한 미래를 적극적으로 선택할 수 있다. 그러니 지난 날 도경께서는 이 한역팔목이야말로 종이, 화약, 나침반 – 세계 3대 발명품에 이어 4대 발명품의 하나로 자리 잡게 되리라 예견하신 것이 아닐까 한다.

　비록 많은 혼란과 어려움이 우리의 시야를 가리고 지구가 병들어 가고 있다 해도 빛의사결정과 함께하는 깨어 있는 빛마음들이 모여 앞길을 밝게 열어가 주기를 바라며, 한역팔목을 가장 먼저 우리 한민족韓民族에게 허락하신 우주마음에도 깊은 감사를 올린다.

행복 안내 도구, 한역팔목

경북사회복지공동모금회 회장, 전 안동의료원장 **신현수**

어떻게 판단할 것인가? 현대 사회는 시시각각 판단을 요구하고 결정을 촉구한다. 이렇게 할 것인가? 아니면 저렇게 할 것인가? 이 일을 과연 해야 할 것인지, 말아야 할 것인지, 우리는 늘 초조하게 서성이는 자신을 발견하면서 산다. 어떤 사안을 결정하는 것은 무척 중요한 일이다. 왜냐하면 우리의 행복이 그 결정에 달려 있기 때문이다. 살아오면서 수많은 결단의 시기와 순간을 그런대로 현명하게 넘겨왔다고 자부하지만 후회와 실망스런 결과를 떠안아야 했던 시절도 있었음을 부인할 수 없다고 하겠다.

『행복예보 생활한역』을 내 인생에서 좀 더 일찍 알 수 있었더라면 어떠했을까 문득 생각해본다. '한 치 앞을 알 수 없는 불안한 미래, 내면의 진정한 소리를 잡아내는 한역팔목으로 어둠에 싸여 있는 미래를 찬란히 밝힌다.'는 한역팔목을 곁에 두고 지내왔다면 좀 더 현명하고 지혜로운 삶을 이어오지 않았을까 하는 생각이 드는 것이다.

한역팔목은 우리 모두에게 각자의 미래를 어떻게 준비하고 맞이해야 하는가를 구체적으로 제시해 준다. 한역팔목을 통해 풀이하는 빛의사결정의 진정한 가치는 앞날을 점치는 것이 아니라 빛^{viit}과 함께 적극적으로 앞날을 열어가는 데 있다고 저자는 강조하고 있다. 겸허한 마음으로 한역팔목에서 답을 구하고 빛의사결정을 한다면 운에 휘둘리는 사람이 되는 게 아니라 운을 다스리는 사람이 된다는 것을 분명히 말하고 있다. 운을 다스릴 줄 안다면 자신에게 닥칠 화를 복으로 바꾸고 나쁜 일을 좋은 일로 방향을 전환하여 지혜로운 삶을 누릴 수 있다. 한역팔목과 함께 한다면 우리는 타고난 운명까지 바꿀 수 있는 행복을 우리 품안에 안을 수 있을 것이다.

우리는 하루가 다르게 발전하고 있는 기계문명의 세례를 받으며 살고 있다. 과학의 발전은 불과 얼마 전까지만 해도 감히 꿈도 꾸지 못하던 일을 우리 앞에 펼쳐 보이고 있다. 그렇다면 우리는 과연 지금 행복한가? 이러한 발전이 우주의 진리를 이해하고 행복한 삶을 누리는 데 있어 우리를 옥죄는 것들에 불과하다는 것을 강하게 인식할 뿐이라는 사실이 비단 나만의 생각일까?

한역팔목은 종교나 과학, 그리고 점이나 기존의 역학으로는 한계가 있음을 인지하게 된 이상 인류문명은 이제 새로운 의식의 패러다임 변화를 꾀할 수밖에 없다고 말한다. 인간의 한계를 초월해 보충해 주면서도 절대적인 우주의 질서에 최대한 부합하는 가장 지혜롭고 현명한 도구를 취해서 우리의 미래를 만들어 나가자는 말이다.

빛명상본부의 학회장인 저자는 빛viit과 함께 하는 빛의사결정학의 세계에서는 사람이라면 누구나 태어날 때부터 내면에 부여 받은 내안의 진정한 나, 빛마음과 거기에서 우러나오는 순수의 예지력이 펼쳐진다고 역설한다. 이 힘은 다행스럽게도 신통력처럼 순간적으로 왔다가 사라지는 것이 아니라, 우리 내면의 가장 깊은 곳에서 살아 숨쉬고 있는 것으로 한역팔목을 통해서라면 우리 안에 잠자고 있는 그 힘을 외부로 표출시킬 수 있다고 설명한다.

우리는 누구나 행복을 추구한다. 나의 행복, 가족의 행복, 이웃의 행복, 그리고 더 나아가서 이 지구상에 모여 사는 모든 이의 행복을 원한다. 그러나 어떻게 행복해지는지 그 해답을 구하는 방법이나 길을 찾는 데는 누구나 서툴다. 그 서툰 길을 빛의사결정으로 밝혀 간다면 우리는 좀 더 현명하게 삶을 영위할 수 있을 것 같다.

사실 나의 가까운 지인 중에 빛명상을 꾸준히 함으로써 빛의 혜택, 빛의 도움, 빛이 제시한 행복을 받은 이가 있다. 젊고 출중한 능력으로 우리 사회에서 큰일을 해내고 있는 이분은 다만 한 가지 걱정이 있었다. 중환으로 입원해 계시는 부모님 때문에 늘 걱정이 컸다. 그러던 어느 날 빛명상을 꾸준히 하라는 정광호 학회장님의 말씀을 따르면서 중환으로 인해 의식이 혼미할 정도였던 부모님이 말씀을 하실 정도로 병세가 호전되는 모습에 감격하고 있다. 빛의사결정의 혜택이 어떠한지 경험한 이분은 지금 누구보다 열심히 빛명상에 매진하고 있다. 한역팔목은 단순히 앞날을 알아보고자 하는 도구가 아니다. 그것은 온 마음을 다해 빛명상과 함께 할 때 진정으로 자신의 내면과 앞날을 다듬어 나갈 수 있게 하는 행복 안내 도구인 것이다.

한역팔목과 함께 한다면 우리는 누구에게나 순수하게 자신의 내면에 잠자고 있는 빛마음을 일깨울 수 있을 것이다. 얼마나 많은 이들에게 안도감과 마음의 평화를 가져다주는 훌륭한 행복의 도구인가! 그래서 이미 그의 스승 도경은 한역팔목이야말로 세계 3대 발명품을 넘어 4대 발명품의 하나로 자리 잡게 될 것이라 예견한 바 있다.

우리의 몸은 부모님에게서 물려받은 것이지만 우리의 마음은 우주의 마음에서 빌려온 것이라고 저자는 말한다. 우주의 순수한 핵심을 담아 이 세상에 태어났지만 혼탁한 세파를 거치면서 우리는 그 순수의 빛viii을 잃어버리고 만다. 한역팔목은 우리에게 그 빛viii의 핵심을 향해 나갈 수 있도록 도움을 준다. 우리의 내면의 소리를 듣게 해주는 강한 도구인 것이다. 지혜롭고 행복한 빛의사결정을 하게 만드는 한역팔목은 우리의 든든한 의지처가 아닐 수 없다.

정광호 선생의 한역팔목 이야기는 우리에게 각자의 인생을 되돌아보게 만든다. 나는 과연 얼마나 내 안의 소리에 귀를 기울이며 살아왔는가? 빛의 씨알이라 명명할 수 있는 내 자신은 나의 빛으로 주위를 얼마나 밝히며 살아왔는가? 내 존재의 의미를 새삼 짚어보게 만든다. 참으로 겸허한 말씀이 아닐 수 없다. 삶은 내일 당장 어떻게 되겠다는, 어떻게 되도록 하고 말겠다는 초조함과 다급함으로는 채워질 수 없는 것이다. 욕심을 버리고 평화와 조화를 생각하며 여유를 가지고 지혜롭게 준비할 때 우리는 진정 밝고 아름다운 시간을 맞이할 수 있을 것이다.

한역팔목과 빛명상을 만나게 된 것은 분명 행운이다. 정광호 선생은 평생 빛[viii]의 길을 걸으며 더 많은 이들이 그 길에 동참하여 빛[viii]이 널리 알려지길 기대하고 있다. 앞으로 더 많은 이들이 다함께 그 길을 걸으리라는 사실을 확신할 수 있다.

한역삼목(자동형)

7장

특집 한역팔목의 역사

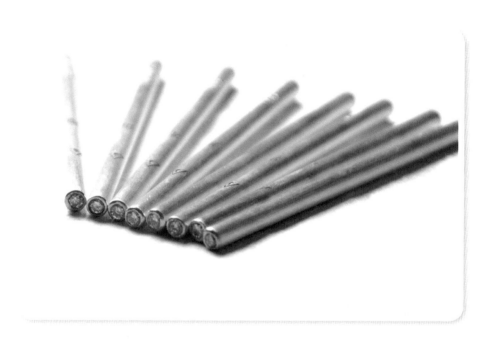

우주마음은 6,000여 년 전 태호복희에게 '팔괘'를 주셨다. 지금은 우리에게 '빛viii'을 주셨다. 팔괘를 이용하여 한역팔목을 뜻대로 활용해 온 세상에 '빛viii'을 알리라 하셨다. 다시 한 번 빛viii으로 인류를 살릴 새로운 기회가 온 것이다.

한역팔목과 태호복희
획팔괘

한역팔목은 단순히 문제 해결을 위한 도구가 아니다. 한역팔목에 잠재된 빛[viii]을 통해 우리 내면의 예지력을 일깨우는 과정에서 잃어버린 본래의 순수한 나, 그 참 나 – 빛마음을 깨달아 한역팔목을 통한 최상의 선택과 판단으로 건강하고 행복한 삶을 만들어가는데 목적이 있다. 한역팔목은 빛과 함께 하지 않으면 점술도구에 불과하지만 빛과 함께 하면 우주의 섭리가 주는 빛의 최첨단 미래예지도구가 된다.

"이렇게 될 줄 누가 알았겠습니까?"

갑자기 닥쳐온 불행에 많은 사람들이 내뱉는 말이다. 계획했던 일에 차질을 빚고 예기치 못한 불운한 사고를 당하며 한탄한다. 한 치 앞을 정확히 알고 대처할 수 있는 사람은 아무도 없다. 한 순간의 잘못된 선택과 판단으로 전혀 예상하지 못했던 일이 벌어져 평생 고통스러운 길로 접어들기도 한다.

한역팔목은 인생의 중요한 결정을 앞둔 순간, 가장 쉽고 빠르고 간단하게 당면한 문제를 풀고 미래를 볼 수 있는 방법을 제시해 준다. 그러나 한역팔목은 단순히 문제 해결을 위한 도구가 아니다. 한역팔목에 잠재된 빛[viit]을 통해 우리 내면의 예지력을 일깨우는 과정에서 잃어버린 본래의 순수한 나, 그 참 나(빛마음)를 깨달아 한역팔목을 통한 최상의 선택과 판단으로 건강하고 행복한 삶을 만들어가는데 목적이 있다. 한역팔목은 빛[viii]과 함께 하지 않으면 점술도구에 불과하지만 빛[viii]과 함께 하면 우주의 섭리가 주는 최고의 미래예지도구가 된다.[*]

과학을 비롯한 현대의 모든 지식은 인간 두뇌에서 나온 것이다. 인간 두뇌를 넘어선 무한한 것들은 그 무한에 있는 마음, 즉 조물주의 영역에서 나온다. 인간의 유한한 생각을 넘어 무한에서 오는 에너지가 한역팔목에 연결되어 있다. 이러한 일들을 이해하기 위해서 우리의 '상고사'를 바로 알아야 할 필요가 있다. 한역팔목을 완성하여 세상에 내놓을 즈음, 퍼즐을 짜 맞춘 것 같이 '지승 스님'과의 만남이 이루어졌다. 스님은 '한민족의 역사'를 찾기 위해 맨몸으로 30여 년을 몽골과 중국대륙, 바이칼에 이르기까지 헤매었고, 그 결과 잃어버린 4,000여 년 배달민족의 역사를 자신의 저서『우리 상고사 기행』에 담았다.

한역팔목을 만들고 집필하면서 느꼈던 아쉬움은 한역팔목의 원천이 되는 태호복희 획팔괘처를 직접 두 눈으로 확인 못하고 편집을 마감한 것이었다. 그런데 우리 상고사에 정통한 스님과의 인연으로, 지난 2013년 6월 4일부터 11일간 스님과 동행하여 전설로만 알려졌던 '삼황오제'의 발자취를 현장에서 직접 취재할 수 있었다.

---

[*] 구약성서에 따르면 모세가 허허벌판 사막에서 지팡이로 바위를 내리치자 물이 펑펑 솟아났다고 한다. 지팡이가 무슨 능력이 있겠는가? 지팡이는 그냥 나무작대기에 불과하지만 거기엔 '모세'를 통하여 보여주고자 한 하느님의 무한 계시(축복)가 있었기 때문에 그런 기적이 가능했던 것이다. 수맥을 찾기 위해 버드나무 가지를 사용하고, 일기日氣를 알기 위해 개구리, 할머니 신경통 등을 활용한 것은 비과학일까? 그렇다면 오늘날 구름의 방향, 풍향을 보고 일기예보를 하는 것은 과학일까? 과학과 비과학은 무엇으로 선을 긋는가?

한역팔목의 기원을 추적한 결과, 중국이 아닌 우리 배달민족의 역사에 근거를 두고 있다는 것을 발견했다. 단군조선과 홍산문화 등 서기 2,000년 이전, 약 4,000년의 우리 역사가 사라져 버렸다. 조선시대의 사대주의와 일제치하 36년 동안 상고사에 관한 사료가 전부 왜곡되거나 폐기되었다. 곰이 마늘을 100일 동안 먹고 사람이 되었다며 우리 역사를 단군신화로 조작해놓고 단군 이전의 역사를 말살시킨 것이다.

한역팔목의 원천은 주나라 주역의 기초가 되었던 팔괘이다. 팔괘는 지금으로부터 약 6,000여 년 전 태호복희가 하늘을 향해 한 치 앞을 모르는 당시의 삶을 한탄하여 미래를 좀 알아가게 해 달라고 간절한 마음으로 청한 결과 얻게 된 것이다. 이후 하나라, 은나라, 주나라로 국가가 형성되면서 계급층이 서게 되고, 그에 따라 체제를 유지하기 위한 방편으로 태호복희 팔괘를 응용하기 위하여 주나라 임금의 명령에 의해 주역이란 이름으로 어렵게 만들어 상위층 계급만이 접할 수 있고 일반서민들은 알 수 없도록 만들었다. 사서삼경의 한 과목으로, 벼슬을 하고 사람을 다스리고 앞서가기 위한 필수 과목이 되었지만 하늘이 주신 본래의 뜻을 잃어버렸다.

팔괘가 창시된 본래의 목적과 우리 상고사를 되찾기 위해 획팔괘처를 비롯해 직접 중국의 6대성(섬서성, 산서성, 산동성, 호남성, 하남성, 하북성)에 산재되어 있는 삼황오제의 능과 사당을 직접 확인하게 된 것이다.

중국은 삼황오제를 중화문명의 시원이자 중국 내 56개 소수민족의 원조상이라 주장하면서 그 위에 있었던 홍산문화 등을 부정하며 자신들이 문명의 으뜸이라고 역사를 왜곡하고 있었다. 그러나 삼황 오제 위로 올라가면 동이족이 있었고, 그들은 당시 미개한 다多부족들을 개화하였다. 우리 조상은 하늘과 땅과 인간이 바로 연결되어 있던 '천지인'의 조화시대에 살고 있었다.

중국은 자기네 으뜸 조상으로 동이족인 삼황을 빌려와서 자국의 조상으로 모시고 있는데, 정작 우리는 "삼황"이 누구인지 모른다는 것과 심지어 그 사실 자체조차도 전혀 관심이 없다는 데 더 큰 문제가 있다. 그럼 우리 민족은 어디에서부터 왔단 말인가?

태호복희의 가슴에 품고 있던 팔괘를 보았을 때, 이것이 우리의 조상인 동이족의 것이 맞다는 것을 우주마음의 느낌으로 전해 받는 순간, 머나먼 중국에서 볼모처럼 잡혀있던 태호복희 팔괘에 지난 수 천 년 동안 모여든 온갖 미세한 먼지 같은 것들, 정확히 말하면 그동안 여기에 뭉쳐있던 파장이 몰려나오면서 순순히 나의 궁금증을 확인해 준것만이 아님을 나중에 와서야 알 수가 있었다. 오래 묵은 먼지와 함께 전혀 예상하지 못한 파장을 받게 된 것이다.

삼황오제 탐방을 마치고 귀국 후, 하고 싶은 말은 많은데 기침이 심하고 허리통증으로 죽을 지경이었다. 병세가 심상치 않아 병원에서 진찰해보니 황수관 박사가 이 병으로 운명했다는 이야기를 들었다. 그는 2013년 가을 나와 만남이 예정되어 있었는데 그의 부고 소식은 더욱 안타깝게 들려왔다. 얻는 것이 있으면 주는 것이 있어야 하듯, 체력 저하나 피로감을 넘어 죽음의 위기를 맞딱드리게 되면서, 한역의 원천을 확인하고 한역팔목을 완성시킨 사실에 대한 그만한 대가를 내주어야 했던 것이다.

중국 6개성 답사 후 지난 여름은 나에게도 생사의 갈림길에 서게 할 만큼 힘든 시기였다. 이러한 과정에 어렵게 확인한 태호복희 팔괘이지만 그 자체가 목적은 아니다. 한역팔목은 우주근원의 빛[viii]을 알리기 위한 도구이기 때문이다. 한역팔목은 한 치 앞도 알 수 없는 어려움에 처했을 때, 남녀노소 상하빈부 할 것 없이 누구나 모두 빛[viii]과 함께 잘 사용하여 한 개인과 가정의 행복은 물론 나아가 이웃과 온 사회가 행복하고 사랑으로 가득한 나라를 만드는 밝은 빛[viii]의 도구이자 미래예지도구가 될 것이다. 한역팔목의 미래는 밝다. 책이 출간되어 주역의 근간이 된 태호복희의 팔괘가 우리 조상인 동이족의 것이며 한역의 근본이 되었음이 세상에 알려지게 될 것이며, 잃어버린 4,000여 년 역사와 함께 다시 세상에 찬란하게 빛나게 될 것이다. 그리하여 대한민국의 민족기상과 정기 또한 높이게 될 것이다. 한역팔목을 온 세계가 함께 공유하며 상호간의 평화와 번영을 꾀하고 하나뿐인 지구가 아름답게 바뀌는 그날을 그려본다.

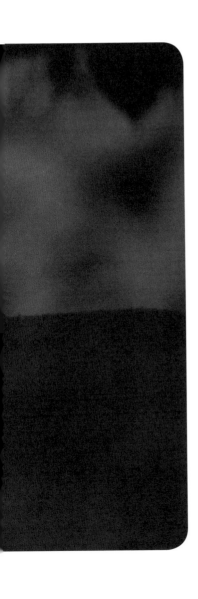

한역팔목의 미래는 밝다. 책이 출간되어 주역의 근간이 된 태호복희의 팔괘가 우리 조상인 동이족의 것이며 한역의 근본이 되었음이 세상에 알려지게 될 것이며, 잃어버린 4,000여 년 역사와 함께 다시 세상에 찬란하게 빛나게 될 것이다.

한역팔목 출간에 부쳐

'우리 상고사 기행'의 저자 **지승 스님**

정광호 선생께 부치는 글

나는 30년 동안 상고사를 해왔다. 백제가 망하면서 사비성이 불타던 날, 또 고구려의 평양성이 함락되던 날, 그 도성의 불길들은 역사창고에서부터 시작되었다. 당나라 군사 설인귀가 제 임금의 명령대로 불을 지른 것이다. 우리역사는 그때 민멸泯滅 했다고 할 수 있다. 삼국사기는 기왕에 모화주의자의 끄트머리가 남긴 찌꺼기여서 우리의 혼이 없고, 삼국유사는 혼은 있으되 18대에 이르는 흔웅천왕들의 1565년 배달나라 역사와, 47대 단군왕검들이 다스린 2096년의 단군조선 역사가 들어있질 않아 −합해서3660년− 민족의 뿌리를 알 수가 없다. 그런 결과가 오늘 서토인의 동북공정東北工程과 악착한 일본의 독도 문제를 만들었을 것이다.

서기 1992년 9월부터 서기 1996년 6월까지 나는 흑룡강 지역인 대흥안령과 소흥안령 지역을 두루 돌아보며, 몽골족 만주족 어원커족 어룬춘족 다굴족 시바족 허절족을 취재하고 다녔다. 그리고 황하문명의 시원으로 말해지는 삼황오제三皇五帝를 찾아 황하 위쪽에서부터 양자강 이남까지 다시 5년을 헤매었다. 삼황三皇과 오제五帝는 배달나라 신시神市정부의 명령을 받고 중원대륙에서 제후諸侯:地方長官를 살았던 분들이다. 만일 그분들의 능묘와 사당이 사실로 확인 된다면 저 중국대륙은 배달민족의 변두리 역사를 면하지 못하리라는 생각에서 한 짓인데, 나는 그분들의 능묘와 사당을 모두 찾아냈다. 단 산동성 하택시荷澤市 목단구牧丹區에 있는 요堯임금 능묘는 1936년에 왜놈들이 도굴로 훼손한 것을, 서기 2006년부터 복원을 시작하여 지금은 거의 완성단계에 있다.

파밀고원에서부터 삼신 할매의 손자국이라하여 엉덩짝에 시퍼런 몽골반점을 달고 태어나는 우리는, 파밀고원을 벗어나 천산산맥과 알타이산맥 그리고 한가이산맥을 넘어서 바이칼에 닿아, 거기서 동서가 2만리 남북으로 5만 리나 되는 붉누리나라波奈留國을 건설한다. 그것이 전설로 전하는 7세 흰인천제桓因天帝들의 흰국桓國인데, 12개의 작은 나라들로 나누어지는 연방국聯邦國이었고, 그 끄트머리의 슈메르는 나중에 그리스 문명과 에집트 문명의 모태가 된다.

그러나 그 거대한 흰국도 바이칼 침하와 함께 운명이 다하여 떠나야 하는 날이 온다. 그리하여 앙강라 강에 뗏목을 띄우고 흑수黑水(黑龍江)를 건너 흥안령에서 발길을 멈춘 사람들이 앞에서 말한 일곱민족이다. 그러나 흔웅족은 대륙으로 깊숙이 남하하여 오늘의 서안西安에다 나라 터를 잡고, 태백산에다 국가 제단祭壇(수두蘇塗)을 묻으면서 붉달 나라倍達國을 시작한다. 지금 그 태백산 꼭대기의 흔웅천왕 사당이 그 것을 증명한다.

삼황오제에서도 첫 번째가 되는 태호복희씨太昊伏羲氏는 제 5세 흔 웅천왕의 열 두 번째 아드님이다. 지금의 감숙성 천수시天水市에서 태어났고 거기에 사당이 있다. 성장해서는 홍산문화가 발굴되는 요 하遼河 곧 청구靑邱와 낙랑樂浪(오늘의 서요하는 요락수遼樂水 대능하를 백랑수百浪水라 했는데, 요락수遼樂水의 락樂과 백랑수百浪水 의 랑浪을 따 서 낙랑樂浪이라 함)을 거쳐, 하남성 회양현淮陽縣에 있는 여와씨女媧氏 의 여黎나라를, 진陳나라로 봉토 받는다. 여와씨의 여黎나라는 모계 사회였으므로, 복희 흔아비는 혼인의 예법을 가르쳐서 처음으로 부 부라는 것을 세운다. 부부는 촌수가 없지만 거기서 부자父子라는 일 촌一寸이 나오고, 형제라는 이촌二寸이 생기고 삼촌 사촌 오촌 육 촌… 이렇게 해서 비로소 부계의 질서가 시작되는 것이다. 그 외에도 부계의 제사를 가르쳐서 우주가 음양의 조화 속에 있음을 알게 하 고, 팔괘를 그려 장차 오는 일을 알게 했으며, 그물을 엮어 고기잡는 법을 가르치는 등으로 문명의 살림을 차례로 가르친 것이다. 저 서토 의 지나인들이 태호복희 할아버지를 그들 문명의 비조鼻祖로 꼽는 까닭이 이러해서다. 그러나 그런 이야기가 아니다.

여기 한반도의 남쪽 대구에서는 지금 놀라운 일이 벌어지고 있다. 아니다, 이 일은 26년 전부터 시작되었다고 한다. 정광호鄭光浩선생 이 행하는 이적이다. 그와 만나서 이야기를 하고나면 몸에서 금가루가 나온다. 병이 있는 사람은 병을 치유하고 달리 원하는 것이 있는 사람은 원했던 바를 이룬다. 원망하는 마음도 풀어 없어지고, 시기하고 질투하던 감정이 봄눈처럼 녹아서 화평을 경험한다.

일찍이 바이칼의 붉누리 나라波奈留國에는 오훈五訓이 있었다.

첫 째가 성신불위誠信不僞.
두 번째가 경근불태敬勤不怠.
세 번째가 효순불위孝順不違.
네 번째가 염의불음廉義不淫.
다섯 번째가 겸화불투謙和不鬪이다.

첫째 조목은 성실하고 신실해서 거짓되지 말라고 한다. 誠은 인간의 언어로 표현하기가 어려운 글자다. 굳이 말한다면 충심衷心이 발하는 곳으로 진실에서 나오는 정성을 관장하는 곳이라는 정도가 될 것이다. 信은 천리天理의 필합必合으로 인사의 필성必成을 말한다. 생각건대 이것은 하늘에 마주 서는 인간의 자세를 말한 것이다.

첫 번째 조항에 이 성신誠信을 말했다는 것은, 그리고 거짓이 없어야 한다고 강조한 것은 머리위에 하늘을 이고 있는 사람의 직분이 무엇인지를 알기에 하는 말이다. 그것은 천부경을 강講하고 주역을 논해서 천지간에 주인노릇을 하는 것이 얼마나 위대한 일인가를, 동시에 어떻게 어려운가를 전제해서 하는 소리다.

두 번째 경근불태敬勤不怠는 공경하고 부지런해서 게으르지 말 것을 당부했다. 이것은 내가 디디고 있는 땅을 조심해서 섬기라는 말이다. 사람이 사는 데 필요한 것은 땅이 직접 내주고 간수하는 것들이다. 행여 그 땅을 생각없이 디디는 것을 경계했다고 보이는 대문이다. 홍익인세弘益人世하려면 우선 하늘이 덮어주고 땅이 실어주는 것이 어떻게 크고 위대한 은혜라는 것을 먼저 알아야 할 것은 당연하다. 세 번째 효순불위孝順不違는 부모와 동기간 사이에 윤리를 지적한 것이다. 하늘과 땅을 어떻게 섬길 것인지를 말하고 그 다음에 부모와 동기간 사이를 말한 것은 순리에 합당하다.

그런 다음 네 번 째로 염의불음廉義不淫을 말했다. 이것은 이웃 간에 가질 우애와 태도에 대해서다. 청렴하고 의리를 지킬 것과 자칫 남녀 간에 일으키기 쉬운 스캔들에 대한 염려다. 그리고 끝에 있는 다섯 번째 조항은 겸화불투謙和不鬪다. 서로 겸손하고 화목한 것은 사회전체에 해당하는 윤리규범이다. 그렇게 되면 인간끼리의 투쟁은 저절로 없어질 것이다. 사람이 만물의 중심에 서서 홍익인세하는 세상은 저절로 이루어질 것이다. 흔국에 이 다섯 가지 윤리는 아무 무리가 없이 잘 지켜졌을 것이다. 그랬기 때문에 동서로 2만 리 남북으로 5만 리라는 너른 국토를 아무 힘도 들이지 않고 통치했을 것이다.

신시에는 오사五事가 있었다. 지금 우리가 윷판에서 쓰는 도 개 걸 윷 모가 신시시절의 각 부서를 전담하는 직책이었다. 먼저 도는 돼지다. 병을 보는 직책이었다. 개는 형벌을 관장했고, 걸은 양이다. 이 양은 선악을 관장했다고 되어 있다. 그다음에 윷은 소를 상징했다. 농사를 관장하는 것이 그의 업무였다. 끝으로 모는 말이다. 명분을 관장했다고 한다.

그러나 을파소乙巴素가 전했다는 참전계경參佺戒經에는 신시의 오사보다 인간 생활의 360여 사를 주재한 팔조의 강령八條綱領을 먼저 들고 있다. 성誠신信애愛제濟화禍복福보報응應이 신시의 팔조강령이라 했다. 그리고 이 팔조의 강령이 경經이 되고 오사가 위緯가 되어서 신시의 법속을 전했다고 설명한다. 성신誠信은 앞에서 본대로 하늘을 마주대하는 인간의 자세를 말한 것이다. 이것은 바이칼의 흔국에서 이미 천부경을 설하고, 복희씨가 흔역을 시작하는 내용이 들어있는 것이요 또 하늘의 별자리를 살펴 책력을 만들며, 사람이 만물의 중심에 서서 홍익인세弘益人世의 큰 뜻을 펼치는 것을 총체적으로 보여준다.

애愛는 자심慈心의 본연으로 인성仁性본질이다. 제濟는 겸선兼善으로 도가 잘 미치는 것이다. 화禍는 악이 부르는 것이다. 복福은 착함이 불러들인 나머지 경사스러움을 말한다. 보報는 천신이 하는 것으로 악인에게 보하는 데는 화로써 하고, 선인에 보하는데 있어서는 복으로 하는 것을 말한 것이다. 응應이란 악은 악보를 받고 선은 선보를 받음이라. 고로 하늘은 말이 없으나 인간사를 두루 살펴서 보호한다. 나를 아는 자 이를 열심히 찾아서 열매를 맺으리니, 하나같이 온전함에 이르고 모든 사람이 계를 받음이라 했다.

바이칼에 있던 흔국은 사람의 윤리가 무엇이라는 것을 가르친 정도였는데, 신시의 팔조강령이나 오사는 윤리문제가 아니라 국가의 틀거리를 짜고 그 틀에 맞는 당해 부서가 있었던 모양이다. 그러나 신시만 해도 아직 염려스러운 세상이 아니었다. 하긴 아직 원시의 감각을 못 버린 모계사회의 풍속이 그냥 있어서 태호복희씨가 혼인예법을 가르쳐서 처음으로 부계사회를 일으켰다니, 그런 사람들이 무엇을 잘못할 만큼 영민하지 않았으리라는 건 미루어 짐작이 되는 일이다. 사람들이 서로의 욕심과 이기심을 가지는 것은 사회가 훨씬 진보하고 나서의 일인 것이다. 그래서 단군왕검시절로 오면 소위 말하는 팔조금법八條禁法이 생겨난다. 신시의 팔조강령이 이제 문명한 시절이 되니 갑작스럽게 달라진 것이다.

1. 서로 죽이면 당시에 죽여서 갚는다.
2. 서로 상하면 곡식으로 갚는다.
3. 도적질하면 재물을 빼앗고, 남자는 그 집의 노예가 되며, 여자는 여비가 된다.
4. 수두蘇塗를 헌자는 금고禁錮한다.
5. 예의를 잃은 자는 군에 복역한다.
6. 일하지 않은 자는 부역에 징발한다.
7. 사음邪淫을 한 자는 태형에 처한다.
8. 사기를 하면 훈방하나, 스스로 속죄하고자 하면 면해도 공표한다.

이로써 본다면 흔국의 오훈五訓이 가장 수승했고, 다음에 신시의 팔조강령과 오사五事가 버금가다가, 단군에 이르면 세상이 점차로 말세가 되는 것이 한 눈에 보인다. 그러나 이것은 당연한 귀결이다. 초기의 순수하고 질박한 것은 문명의 정도를 따라 자꾸 엷어지고 거칠어진다는 것은 우리가 아는 상식이지 않은가.

그러나 정광호 선생이 일으키는 이적은 단군시절의 문명도 아니고 신시의 호흡도 아니다. 그것은 훨씬 이전에 바이칼에서 오훈五訓 설

할 적에 첫 번째가 성신불위誠信不僞였던 것을 상기하면 자명해진다. 선생의 하는 짓은 바로 그 시절의 성신誠信에서 나오는 몸짓이요 그 적의 호흡이다. 이것은 신시를 거치지 않은 바이칼의 흔국에서 흔인 천제들이 지극한 무위無爲를 써서 동서가 2만 리요 남북이 5만 리였던 거대한 국토를 다스린 행위가 되살아나고 있음이다. 그랬기 때문에 김수환 추기경이 신의 축복이라 하여 손때 묻은 묵주를 쥐어주었고, 김대중 전 대통령은 빛을 받고 지팡이를 놓게 되었고 '믿기만 하여라, 네 딸이 살아날 것이다'라는 성서의 문구가 떠올라 이 내용을 휘호로 남겨 고마움을 표했다. 그리고 이어령 전 장관은 '초과학超科學'이라 하여 놀라움을 표했다. 생각건대 이 일은 홍익인세弘益人世로 인류문명의 초석이 된 흔국桓國의 피를 내림한 배달민족의 잔잔한 기적이다.

단기 4346년 6월 5일

그 때 우리는 10박 11일의 계획 아래 삼황오제의 자취를 더듬어 산동성과 산서성 그리고 섬서성을 지나면 호남성과 하남성을 지나 하북성에서 일정을 마치기로 되어 있었다. 첫날 우리가 도착한 곳은 섬서성이었고 여행 이틀째 되는 날이 6월 5일 이었다. 나는 이미 세 번째로 황제헌원의 묘소를 참배한 적이 있었으므로 내게는 특별히 새로울 것이 없었다. 헌원의 묘소는 측백나무가 많다. 그것이 어떤 것은 3천 년 된 것이 있다했고, 어떤 것은 후한의 광무제가 갑옷을 걸었던 나무라 하여 사람들의 주변 시선을 끌어 모으기도 하지만, 내 생각에 과장하기 좋아하는 서토인들이 내뱉는 실없는 소리지, 광무제라면 아직 북경지역도 제대로 간수 못해서 그냥 변두리로 두던 때다.

우리 역사에 비상하게 말이 많은 한사군이 바로 광무제 때의 사단이다. 지금의 북경 난하欒河 언저리가 바로 한사군을 두었던 땅이다. 그런데 섬서성 자오산子午山이 어디라고 거기까지 와서 제 갑옷을 걸었다는 말인가. 각설하고 정광호 선생이 하늘의 해를 향해 무슨 이적을 행한다고 주변이 수런수런 해서 하늘의 해를 올려다보니, 해 주변에 선명하게 무지개 색의 햇무리가 떠 있었다. 점차로 둥글게 뚜렷하게 떠오른 햇무리가 하늘 복판에 분명하게 보이던 것이다. 그때는 비가 올 것처럼 날씨가 꾸무룩했고, 언제 장맛비가 한 줄기 쏟아질지도 모르는 좀 위태위태한 상황이어서, 나는 선생의 이적이 신통해 보이기는 하면서도, 그거야 선생의 신통력이라면 그럴 수도 있겠거니 싶어 크게 마음에 두지는 않았다.

그러나 두 번째로 펼치는 이적은 매우 특별한 것이었다. 황제헌원의 묘소가 있는 뒷켠에서 선생이 무슨 행사준비를 한다면서 나를 찾는다는 전갈을 듣고 능묘 뒷전에 있는 측백나무 숲을 찾았을 때였다. 선생은 땅에다가 대개 한 변의 길이가 45cm 가량의 삼각형을 긋더니, 하늘의 해가 땅으로 빙글빙글 돌면서 내려올 것이라는 예언을 했다. 하늘의 해가 빙글빙글 돌면서 땅으로 내려온다? 나는 아까 보았던 그런 것이겠거니 하는 생각으로, 그러나 차제에 정광호 선생의 이적이 무엇인지를 나름 확인하자 싶었다. 마침 해가 밝게 빛나고 있었다. 우리들의 정수리 위로 힘찬 햇살이 퍼졌고 그 여파는 머리위에 키 큰 소나무와 측백나무 숲을 환히 비추었다. 선생은 '해의 자외선을 차단해서 우리의 눈이 이상이 없도록 하라' 하고 해를 향해 명령했다. 이 엄숙한 한마디에 과연 해가 시그러운 눈물을 거두는 것이 아닌가. 그러나 사람이 해를 이렇게 편하게 볼 수 있다는 게 얼른 믿기지가 않았다.

선생은 해를 향해 빙글빙글 손가락을 돌리는 것이 내 눈에도 보였다. 마치 장난하듯 해를 빙글빙글 돌린다는 느낌이었다. 나는 그 순간의 감동을 평생 잊을 수가 없을 것이다. 얼크러진 측백나무와 소나무 사이로 햇덩이가 빙글빙글 돌면서 내려앉는 것이 당장에 느껴지던 것이다. 이 순간에 내가 본 것은 어디까지나 착시일 것이 분명하다. 그래서 내가 보았다고 말하는 것이 아니라 느껴졌다는 표현을 쓰는 것이다. 머릿속에서는 분명 착시가 틀림없다고 여기면서도, 마음 한켠에서는 그러나 내가 보는 이 상황을 믿지 못하는 것이냐고 엄중하게 묻는 자성의 목소리가 분명하게 있었다. 복잡한 심정의 실타래가 엉기는 중에 이번에는 갑자기 구름 띠가 한 자락이 나타나서 점점 커지는데, 해는 그 구름을 중심으로 힘차게 멈칫멈칫 하강하는 것이 아닌가. 나는 도시 믿을 수도 안 믿을 수도 없는 이 어중뜬 상황에서, 그러나 한눈을 팔지 않겠다는 굳은 일념으로 이 상황을 지키고 있었다.

하강하던 구름이 다시 제 위치로 돌아가기까지는 그리 오랜 시간이 필요하지 않았다. 처음에 나타나서 점차로 부풀던 구름의 뭉텅이도 제 할 일을 다 한 듯 흩어지고, 이번에는 허공 가득히 금빛분이 내려앉는다는 주변의 소리에 나는 비로소 정신이 들었다. 그러나 긴 시간을 눈 한번 깜박거리지 않고 햇덩이를 바라다본 나는 그 금빛분이 자욱하게 내려앉았다는 숲을 볼 수가 없었다. 어찌 보면 숲속에 가득한 금빛분을 보는 듯도 싶고, 어찌 보면 아닌 듯도 했던 것이 당시의 내 시력의 한계였다. 금빛분이 내려앉았던 시간은 십 분을 상회하고 있었다. 그러자 내 눈도 시력을 회복하여 비로소 온 숲에 묻어난 금빛분을 바라 볼 수가 있게 되었다.

그날 저녁 호텔에 돌아온 나는 오늘 그 현상을 무비카메라에 담았던 지풍을 시켜 그 필름을 반복해 돌려보도록 부탁했다. 그러자 낮에 못 보았던 금빛분이 비로소 온 숲에 가득히 쌓여 있는 것을 확인할 수 있었다. 나무 관세음보살.

순제릉에서 학회장님과 함께

두 번째의 기적은 장사長沙에서 있었다. 장사는 호남성의 성도가 있는 곳이고 거기는 유독 안개가 많은 곳이다. 동정호洞庭湖가 있기 때문에 물안개가 많다는 것이다. 하긴 동정호라면 둘레가 칠백리로 통하는 곳이니 거기서 밤낮이 없이 물안개를 피워 올린다면, 그 동정호 옆에 있는 장사는 그것 때문에 늘 뿌연 하늘을 바라 볼 수밖에는 없을 것이란 생각도 들었다. 새벽에 잠이 깨서 호텔 주변의 한적한 길을 산책을 할까 하다가 그만 두었다. 아닌 게 아니라 주변의 산책로가 너무 흐려 보이고 맑지 못한 것이, 자칫 마주 오는 차를 분간하지 못하면 사고로 연결될 것처럼 보였기 때문이다.

그런데 그 날 아침, 정광호선생은 당신의 스마트 폰을 꺼내들고는, 선명한 새벽 하늘에서 유독 밝게 빛나는 별 한 개를 우리들 앞에 내보이고 있었다. 밝은 별이 나타나기 전에는, 아침에 내가 보았던 유독 안개가 짙고 검은 빛이 도는 장사의 하늘이 거기에 그냥 담겨 있었다. 그리고 선생은 이런 말씀을 했다. 오늘 새벽에 일어나서 이것을 찍은 것은 까닭이 있어서라 했다. 장사의 하늘에서 이 새벽 별을 보지 못한다면 안 될 것 같은 깊은 곡절이 있어서라는 이야기는 알겠는데, 그 곡절이 무엇이지는 미처 새겨 듣지를 못했다.

나는 다만 오늘 아침의 그 안개를 헤치고 별을 집어냈다는 것이 신통하고 대견했을 뿐이다. 스마트폰에 떠 있는 별은 우선 주변의 환경이 너무 깨끗하고 조용해 보였다. 그곳이 오늘 아침에 내가 산책을 포기했을 만큼 그런 깊은 안개도시였다고는 도저히 생각할 수가 없는, 깊은 산간 마을에서나 볼 수 있는, 신새벽의 깨끗하게 닦인 그런 하늘이었다.

어떻게 선생은 그 지독한 안개 속에서 저렇게 청명한 하늘을 건져 올릴 수가 있는가. 저분은 대체 어떤 능력을 가진 분이어서 저렇듯 멀쩡한 이적을 만들어낼 수가 있을까. 그 스마트폰에 찍힌 푸른 여명의 하늘은 대체 어쩌자고 그렇게 청승맞게 푸를 수가 있는 것이며, 그 하늘 복판에 금빛으로 빛나던 샛별 하나는 또 어쩌자고 그렇게 밝을 수가 있는가. 나는 이것저것을 복잡하게 생각하지 않기로 했다. 단지 정광호선생은 옛 바이칼에서 한인천제들이 행했던 이적을, 이 혼탁한 말세에 와서 그대로 펼치는 분이구나 하는 생각만으로 접기로 들었다. 장사에서 보았던 기적은 오히려 뚜렷이 설명이 되지만, 헌원의 능묘에서 행했던 이적은 지금도 나는 설명을 못해서 그저 나 혼자서나 알고 덮어두는 것이 옳을 성 싶기도 하다.

한역팔목의 뿌리와 의미

변호사 **김주현**

1. 한역팔목의 뿌리

가. 역학易學은 미래를 예측하기 위해 천문과 지리를 바탕으로 우주와 인간에 대한 깊은 성찰을 담은 뛰어난 동양학문이다. 그래서 고대 중국인은 학문의 정수라 불리는 4서3경 속에 역학을 포함시켰으며 역학은 다른 말로 주역周易이라고도 한다. 왜 주역이라고 할까? 중국의 주나라 시대에 완성되었기 때문이라고 한다. 그렇다면 역학은 주나라의 학문이란 말인데 그 시절 우리 선조는 왜 그런 학문에 대한 연구가 없었을까 라는 의문이 들었다.

중국 주나라 시절에 우리나라는 어떤 나라가 있었는지를 살펴보니 고조선이 있었다. 주나라는 BC 1200년경에 세워진 나라고 고조선은

BC 2333년에 세워졌으니 고조선이 훨씬 더 오래전에 세워졌는데도 고조선에는 우주와 인간을 성찰하는 학문이 없었을까? 그 의문이 청소년 시절부터 항상 자리 잡고 있었다. 그리고 보니 지금까지 고조선이 어떤 나라인지를 자세히 배운 기억조차 없었다. 우리는 상고사에 대해 올바른 교육도 받지 못하고 삼국시대 이전의 부분은 전설로만 배웠을 뿐 우리 민족의 뿌리가 무엇인지도 알지 못한 채 살아왔던 것이다.

나. 한 국가의 역사는 국민정신의 척추와 같은 역할을 한다. 국민들은 역사를 통해서 뿌리를 알고 선조의 위대한 업적과 잘못을 함께 배우며 미래를 준비하기 때문이다. 그래서 역사는 국가를 지탱하고 국민정신을 응집시키는 척추와도 같다는 것이다. 그러면 우리 국민들은 과연 우리 역사를 제대로 알고 있는 것일까? 아니 그보다 먼저 역사를 제대로 배웠거나 배울 수 있었던가? 그 어떤 정치가나 역사학자도 이 물음에 긍정적으로 대답할 수 없다. 우리 역사자료는 고구려와 백제가 멸망하고 신라가 삼국통일을 하던 그 시절에 중국인에 의해 모두 소멸되고 말았기 때문이다. 우리에게 알려진 저 유명한 김부식의 삼국사기와 일연의 삼국유사는 우리 민족의 혼과 역사적 사실을 제대로 표현하지 못했기 때문에 우리의 역사를 정확하게 기록한 것으로 보기 어렵다. 그래서 우리 국민들은 고조선과 단군신화는 역사 이전의 전설로 배웠고, 그보다 더 이전의 시대에 대해서는 아예 모르고 살아왔으며 우리 민족의 정기는 아직도 전설이라는 동면에서 깊은 잠을 자고 있었던 것이다.

다. 그러나 이 땅에는 1950년대 전쟁의 포화가 멎은 후 비록 육신의 눈으로는 아무 것도 볼 수 없었지만 깊은 지혜와 마음의 눈으로 세상의 미래를 볼 수 있는 능력과 우리 민족의 역사를 정확하게 알고 있었던 선지자가 있었고, 그 선지자는 우주를 관장하는 가장 순수한 근원의 힘이 나이 어린 어떤 소년과 함께 하면서 그가 우리 민족의 뿌리를 확인하여 민족정기를 바로 세우고 우주의 그 순수한 힘으로 세상을 정화할 수 있을 것임을 정확하게 예측하여 그 소년에게 여러 가지를 알려주었으니 그 중 하나가 중국인들이 시조로 여기는 삼황오제가 바로 우리 민족의 조상이라는 것이었다. 그 소년은 바로 현재의 빛명상본부 정광호 학회장님이다.

라. 1986년 11월 30일 학회장님은 우주의 순수한 근원의 힘이 눈부신 빛^{viit}(광선을 의미하는 light가 아닌 그림자까지 생기는 실체적인 힘으로의 viit)으로 자신과 함께 한다는 것을 객관적으로 확인하였고 그때부터 지금까지 숱한 불신과 오해의 장벽을 넘어서 그 빛^{viit}의 현존과 그 힘이 세상을 정화하며 모든 사람들이 그 힘으로 행복하고 풍요롭게 될 수 있음을 가르쳐왔다. 그러나 미망迷妄에서 깨어나지 못한 사람들을 일일이 개별적으로 접촉하여 그 힘을 보여 주기에는 물리적인 한계가 있을 수밖에 없었다. 고심 끝에 그 힘을 좀 더 보편적으로 세상에 널리 알려주기 위한 도구로 우리의 위대한 조상인 삼황오제 중 태호복희가 우주로부터 얻은 팔괘를 바탕으로 하여 완성된 한역을 세상에 펼치기로 결심하고 한역팔목을 세상에 내놓을 준비를 오래전부터 해왔으나 역사학계에서도 확인하지 못한 삼황오제가 우리

민족의 시원이라는 것을 바로 주장하기가 망설여졌다.

그런데 참으로 우연 같은 필연으로 이미 중국 현지에서 삼황오제의 실존을 확인했던 지승스님의 안내를 받아 학회장님은 2013. 6. 4.부터 6. 14. 까지 중국 현지에 직접 가서 그분들의 실존 및 우리 민족의 조상인지 여부를 확인하는 대장정을 하였고, 나는 학회장님을 수행하면서 그 확인 작업의 현장증인이 되었기에 그 내용을 이렇게 정리하게 되었다. 중국 현지답사를 통해서 삼황오제가 우리 민족의 조상임을 확인하고 그 과정에서 우리 민족의 뿌리가 이미 9천 년 전부터 우주 근원의 힘이 선택한 민족이었으며 삼황오제는 바로 그 민족의 직계 후손이었던 사실도 알게 되었다.

마. 중국의 주역은 태호복희의 팔괘를 바탕으로 하고 있고, 태호복희는 우주로부터 팔괘를 얻어 변화무쌍한 우주의 흐름 속에서 인간 세상의 미래를 예측할 수 있는 학문적 기초를 만들었다. 팔괘는 우주와 지구의 여덟 가지 요소 즉 하늘과 땅, 물과 불, 바람과 우레, 산과 못을 나타낸다. 여기에 지구 주변에서 태양을 중심으로 가장 가까운 공전 궤도를 가지고 있는 다섯 개의 행성 즉 수성, 금성, 화성, 목성, 토성의 운행을 바탕으로 목, 화, 토, 금, 수의 기운을 오행으로 정립하여 팔괘와 오행의 순환과 변화에 따라 흉한 것은 피하고 길한 것은 취할 수 있는 손쉬운 미래예측 도구로 만들었으니 참으로 놀라운 업적이었으며 학회장님은 이 팔괘를 토대로 한역과 팔목을 완성하였다.

2. 삼황오제는 우리 민족의 조상이었다.

　가. 우리 민족의 뿌리를 간단히 요약하면 파미르 고원에서부터 민족의 시원이 형성되었으며 엉덩이에 몽골반점이 찍혀서 태어나는 특징이 있었고 강인하고 감성적이며 직관력과 창조력이 뛰어난 민족이었다. 그러다보니 일찍부터 천지신명과 일월성신을 숭배하여 우주의 운행 이치를 알게 되었으며 우주의 섭리에 따라 살면서 정신적으로 뛰어난 문명이 발달하여 약 9천 년 전 지금의 러시아 바이칼 호수 근처에서 밝한국이라는 문명국을 건설하고 약 1,900년 정도에 걸쳐 한인천제들이 나라를 다스렸으나, 바이칼 호수 주변의 환경이 살기 어렵게 변하자 남쪽으로 이동하면서 중국 섬서성 태백산 근처에서 밝달국을 건설하고 약 2천년에 걸쳐 한웅천왕들이 다스리다가 마지막 한웅천왕인 단군왕검이 국가의 수도를 동북방 쪽에 있는 하얼빈으로 옮기고 건립한 것이 고조선이었으며 고조선 이후 부여 시대를 거쳐 고구려, 신라, 백제의 삼국시대로 접어들게 되었던 것이다. 삼황오제 중 태호복희는 약 6천 년 전 밝달국의 5대 한웅천왕의 막내로 태어났으나 왕위계승을 할 수가 없어 부친으로부터 지금의 하남성과 산동성 부근에서 미개한 중국 원주민을 계몽하고 다스리라는 지시를 받고 그 지역을 다스렸던 분이다. (우리가 배달민족 또는 배달의 후손이라고 하는 배달은 바로 '밝달'이라는 말에서 유래가 된 것이다.)

　나. 그러나 중국 본토에서 살던 원주민들은 모계사회 형태로 살면서 생명이 어떻게 탄생되는지도 모르고 본능과 탐욕에 의해서만 살

아가는 미개한 인간들이었으므로 태호복희는 이들을 깨우치기 위한 특별한 계몽수단이 필요했다. 그래서 이들에게 생명탄생의 원리와 가족 형성의 기초가 되는 혼인법과 선조들에 대한 감사와 예를 갖추는 제사법, 그물을 짜서 고기를 잡는 방법들을 가르쳐 주었으나, 정신적으로 미개한 이들이 한 치 앞을 알지 못해 재앙과 불행을 피하지 못하는 것을 보고 이들에게 우주의 원리와 앞으로 다가올 현상이나 일에 대해 흉한 것은 피하고 길한 것은 취할 수 있도록 하는 방법을 가르치는 도구를 얻었으니 그곳이 산동성 어태현이었고 그 도구가 바로 팔괘였다.

산동성 어태현에 있는 획 팔괘처에 세워진 태호복희 사당. 한나라 시대에 세워진 오래된 사당이다.

사당 내 태호복희상

획팔괘처에서 학회장님, 지승스님과 함께

　다. 학회장님은 태호복희로부터 6천 년 전 우주에서 얻은 팔괘를 바탕으로 하는 한역팔목을 완성하도록 하겠다는 승낙을 받기 위해 태호복희의 영과 교류하였고, 그 순간 수천 년이나 응집되어 있던 엄청난 영적 파장의 힘이 현장에 함께 있던 일행을 덮쳤다. 흔히 무당들이 굿을 할 때 자신이 섬기는 영보다 더 큰 영이 오면 거품을 물고 주살을 당하는 것처럼, 일행들이 그 파장의 힘을 맞게 되면 심각한 건강의 위해가 발생하므로 학회장님은 혼자서 그 파장을 온전히 맞으면서 일행들을 위험에서 구했다. 그 결과 학회장님은 약 3개월 동안 생사의 갈림길에 설 정도의 위급한 육체적인 고통을 겪어야만 했고 한역팔목은 이처럼 큰 반대급부를 대가로 지급하고서야 완성되었다.

라. 태호복희 이후에는 염제신농과 황제헌원이 중국의 원주민들을 계몽하였으며 염제신농은 농사짓는 법과 각종 약초와 독초를 구별하여 인간이 건강을 유지할 수 있는 방법을 알려주었고 황제헌원은 최초의 이동수단인 수레와 배를 발명하고 지남거(일종의 나침반에 해당함)를 발명하여 중국 문명의 시초를 이룩하였다. 그 덕분에 중국 원주민들도 제대로 된 국가를 건설하였으며 삼황오제 시대가 끝난 뒤 하나라와 은나라, 주나라로 이어지다가 춘추전국시대를 맞이하였고 진시황이 중국 전체를 최초로 통일하게 되었다. 이처럼 문명화된 국가를 건설한 중국 지도층은 팔괘의 효용을 독차지하고 그것으로 피지배계층을 좀 더 용이하게 다스리기 위해 자기들만이 알아볼 수 있도록 왜곡을 하였으며, 그 왜곡이 주나라 시대에 이루어졌기 때문에 그때 만들어진 역학을 주역이라고 하는 것이다. 주역도 팔괘를 기본으로 한 것은 사실이지만 그것을 사용하는 지배층의 순수하지 못한 의도로 인해 팔괘를 준 우주근원의 힘을 공경하고 그 힘에 감사하는 마음과 그 앞에 겸손해 하는 순수한 마음이 사라졌고, 춘추전국시대에 와서는 더욱더 그 왜곡이 심해져서 주역은 이제 난해한 학문적 껍질만 남아 점술적 통계학의 범주에 갇혀버리고 말았다.

마. 중국은 삼황오제가 자신들의 시조일 뿐 아니라 인류문명의 시조임을 강조하는 사업을 대대적으로 펼치고 있다. 이것은 중국민족이야말로 세계에서 가장 뛰어난 민족임을 과시하고 56개 소수민족간의 갈등을 수렴하여 내부적으로 단결하고 외부적으로는 세계 1위의 국가로 만들기 위해 삼황오제를 정신적 자산으로 삼으려는 의도에서

비롯된 것이다.

이것은 하남성 회양현에 있는 태호복희의 능묘 앞에 설치된 안내서와 출입문.
태호복희가 만성의 근원이고 인류문명의 시조임을 알리고 있다.

하남성 회양현의 태호복희 능묘에서 학회장님이 비가 오는 중에도 감사제를 지냈는데 감사제를 지내는 곳은 비가 젖지 않고 말라있는 모습이 비가 오는 곳의 모습과 너무 대조적이다.

바. 그러나 삼황오제는 엄연한 동이족이라는 사실이 중국 산동성 곡부에 있는 소호금천의 능묘에서 학회장님은 직접 확인하였다. 산동성 곡부에는 공자의 능묘가 있는 곳이며 그곳에서 약 6킬로미터 떨어진 곳에 소호금천(삼황오제 중 4번째 임금이다. 태호복희, 염제신농, 황제헌원이 삼황이고, 소호금천, 전욱고양, 제곡고신, 요, 순 임금이 오제이며, 진시황은 삼황 중의 황자와 오제 중의 제자를 따라서 자신을 황제라고 칭하였다.)의 능묘가 있다. 그 능묘안의 사당에는 맹자와 한비자의 저서를 인용해 황제헌

원과 그 직계후손인 소호금천, 전욱고양, 제곡고신, 요, 순은 동이인東
夷人이라고 기재해 놓았으며 염제신농은 황제헌원의 9대조 조상이라는
사실은 중국 스스로가 각종 사서에서 인정하고 있는 사실이다.

왼쪽은 소호금천 사당에 위와 같이 기재된 내용을 학회장님이 발견한 모습이고 오른
쪽 사진은 맹자와 한비자의 저서를 인용한 문구가 표시되어 있다.

소호금천릉의 상석에 물로 빛의 형상을 만든 모습이 오랫
동안 남아 있었다.

3. 한역팔목의 의미

　가. 학회장님이 중국을 답사한 이유는 크게 두 가지로 구분할 수 있는 바, 하나는 민족의 뿌리를 찾아 상고사를 바로 세우고 우리 국민들의 잊혀진 민족정기를 확립하는 것이며, 하나는 태호복희가 팔괘를 얻은 곳에서 직접 복희씨의 영과 교류하여 한역팔목의 뿌리가 복희에게 있다는 것을 확인하고 6천 년 전 하늘이 주신 팔괘를 현세에서 한역팔목으로 완성하여 인간 세상의 길흉화복을 예측하는 진정한 나침반으로서의 역할을 완수하고 이것을 통해 인간들이 우주의 순수한 힘인 빛^{viii}의 존재를 깨닫고 그 빛^{viii}과 교류하여 잃어버린 순수성을 되찾도록 하는 것이었다.

　나. 우주 근원의 순수한 힘은 6천 년 전 태호복희로 하여금 팔괘를 통해서 중국의 미개한 원주민들을 계몽하고 우주의 섭리를 알게 하였다. 그러나 오랜 세월이 흐르면서 사람들이 순수성을 상실하고 세상 전체가 탐욕과 집착으로 어둡게 오염되고 말았으며 팔괘를 바탕으로 하는 주역도 왜곡되어 더 이상 오염된 세상의 이정표가 될 수 없게 되자, 우주 근원의 힘은 그 옛날 우리 조상들이 구현하였던 순수한 상태 즉 하늘을 공경하고 서로 조화롭게 상생하는 홍익인세弘益人世의 이념을 실현하기 위해 인간의 진정한 본성인 순수한 빛마음을 되찾아 우주 근원의 순수한 힘인 빛^{viii}과 교류할 수 있도록 학회장님을 통해 한역과 팔목을 완성하도록 하신 것이다.

다. 중국은 태호복희를 비롯한 삼황오제가 동이족임을 알면서도 그 분들을 자신들의 조상인 것으로 위장하고 있으며 그분들의 업적을 자신들의 내부결속과 외부적인 국력확장의 도구로 사용하기 위해 엄청난 국가적 사업을 벌이고 있다. 우리가 알고 있는 동북공정은 그러한 거대한 책략 중의 일부에 지나지 않았다. 그러나 중국이 아무리 그러한 노력을 하더라도 중국의 역사는 우리 선조들에 의해 계몽된 역사에 불과하고 중국 국민 개개인이 우주 근원의 순수한 빛[viii]을 알지 못하고 그 빛[viii]과 교류하지 못한다면 중국이 의도하는 목적은 이룩될 수 없다. 반면 우리 대한민국은 정광호 학회장님의 노력에 의해 우리 선조들의 자랑스러운 상고사를 토대로 민족적 자긍심을 회복하였으며 그것을 계기로 정신문화적인 단합이 이루어지고 학회장님이 팔괘를 바탕으로 하는 한역팔목을 세상에 내놓음으써 우리 국민 모두가 맑고 밝게 정화되어 상고사 시절의 찬란한 정신문화를 되찾아 세계 문명국가의 수장으로 우뚝 설 수 있는 기회를 맞이하게 되었다.

라. 한인천제 시대부터 한웅천왕 시대를 거쳐 단군왕검에 이르기까지 우주의 순수한 힘이 선택한 우리 민족은 세월이 아무리 흐르고 세상이 변해도 그 찬란한 정신문화의 유전인자만은 그대로 간직한 채 이어져오다가 21세기에 와서 학회장님을 통해 그 찬란했던 정신문화의 꽃을 다시 피우게 되었으니 그 꽃의 열매가 바로 빛명상학회이고 한역팔목인 것이다. 동서고금을 통하여 물건이나 사람 중에 최초로 어떤 기능을 보이거나 주어진 임무를 수행하는 것을 1세대라고

하는데 빛명상학회의 회원들은 바로 빛[viii]의 1세대라는 것을 학회장님은 늘 강조해왔다. 빛[viii]의 1세대는 대한민국에 찬란한 정신문명의 꽃이 필 수 있도록 하기 위해 주도적인 역할을 해야 하며 한역팔목으로 빛명상을 온 세상에 널리 알리고 서로 화합하고 상생하는 세상이 될 수 있도록 노력해야 할 것이다. 그 과정에서 한역팔목은 누구라도 손쉽게 길흉화복을 예측하여 행복과 풍요를 구가할 수 있는 인류 미래의 나침반이자 네비게이션이 될 것임을 확신한다.

중국 삼황오제 한역답사기

2013년 6월 4일
~ 6월 14일 (11일간)

6천 년 전 우주마음이 태호복희씨에게 '팔괘'를 주어 세상을 이롭게 하고 상생과 평화를 가르쳤듯이, 지금의 학회장님을 통해 '빛^{viii}'을 주어 현세에 살고 있는 모든 이들이 건강하고 행복하게 살아갈 수 있도록 해주었기에 빛^{viii}의 도구인 '한역팔목'을 통해 빛^{viii}을 알리고 전하며 행복을 추구해야 하는 의무가 우리에게 있다.

참가인원
학회장님, 지승스님, 김주현변호사, 박흥주교수, 윤려정실장, 김진원팀장, 오세리통역관, 김석가이드 (8명)

다녀온 곳
중국 6대성에 있는 삼황오제의 능묘와 사당탐방 그 중 '전욱 고양', '제곡 고신'의 능은 일정상 가지 못함

1. 6월 4일 화요일 (출발당일)

학회장님을 비롯한 우리 일행은 역사적 현장에 함께 한다는 설렘과 기대감을 가지고 인천에서 북경으로 가는 비행기에 몸을 실었다. 예정대로라면 오후 2시쯤 북경공항에 착륙하여 북경공항에서 아주 여유 있게 18시 15분 서안으로 향하는 국내선 비행기를 갈아탈 수 있었을 텐데 북경의 기상악화로 비행기에 탑승한 채로 거의 한 시간 반 가량 기다려서야 이륙할 수 있었다.

북경에 도착한 후 이춘옥 가이드의 이야기에 따르면 일행 도착전

북경시간으로 오전11시부터 30분동안 하늘이 갑자기 깜깜해지면서 먹구름이 덮이고 천둥번개를 동반한 소나기가 내려서 우리가 도착하지 못할까봐 걱정을 많이 했다고 한다. 다행히도 일행이 도착한 후에는 날이 개이고 맑았다.

북경의 일기예보는 3일전부터 비가 내린다고 계속 예보가 있었지만 내리지 않았고, 오늘 그것도 불과 몇 시간 전에 그동안 머금은 모든 비가 집중적으로 내렸다고 한다. 북경을 방문하는 우리 일행을 환영하는, 방문전 깨끗하게 정화시켜주는 비처럼 느껴졌다. 짧은 북경 만남을 뒤로한 채 우리 일행은 북경을 거쳐 '서안'으로 가는 비행기를 탔다.

2. 6월 5일 수요일 (섬서성 황제헌원릉)

오전 11시 23분 경, '섬서성 중부현 교산 황제릉(황제헌원)'에 도착했다. 가장 먼저 눈에 띈 것은 입구에 늘어선 모든 성씨의 근원을 찾아준다는 상점들이었다. 중국 정부가 한족뿐 아니라 56개 소수민족까지도 모두 자신들의 시조라 여기는 황제헌원으로부터 비롯된 한뿌리임을 인식하도록 만드는 역사왜곡의 현장이었다.

많은 관문을 지나 도착한 황제릉 뒤편에 돌로 만든 테이블

성씨문화관

황제릉 감사제

위에 학회장님은 한역팔목, 삼목, 빛viii의 책 등을 꺼내놓으시고 땅에 씰마크를 그리시고 향을 꽂고 술을 따르시며 감사의 마음을 우주마음께 올리셨다.

3목과 8목을 주심에 감사를 올리고, 많은 사람들이 팔목을 통해 행복한 삶을 살 수 있도록 청을 올리셨다. 그러자 곧이어 해가 빙글빙글 돌면서, 하늘주변과 나무주변이 온통 황금빛으로 물들었다. 감사제를 지내는 사람들의 몸, 얼굴, 옷, 그리고 주변의 나무들까지 온통 빛무리가 퍼지며 오색 빛풍선이 떠다녔다. 너무나 황홀한 순간이었다.

오색 찬란한 빛현상이 펼쳐지는 가운데 하늘에 선명한 구름띠가 한 줄로 그려졌으며, 마치 경계를 보여주듯 한줄 선명한 구름 띠를 중심으로 태양이 구름띠 밑으로 내려와 점점 아래로 우리들 곁으로 내려오고 있었다. 그 순간의 감사와 경외로움을 아직도 잊지 못한다.

함께 참석한 가이드, 지승스님, 박홍주 교수 등은 처음 보는 빛현상에 마냥 넋이 빠진 모습이었다. 태양을 너머 태양을 통하여 초자연적 빛현상으로 우주마음의 현존을 보여주심에 그 역사적 현장에 함께 할 수 있었음에 감사드린다. 감사제를 지낸 후

황제릉 빛현상

나오는 길에 하늘에는 커다란 원형 무지개가 떠서 오늘의 감사제 빛 현상을 가슴에 잘 담을 수 있도록 기쁜 마무리를 해주셨다.

3. 6월 6일 목요일 (산서성 순제릉과 사당 탐방)

무척이나 더운 날씨에 살갗이 따가울 정도의 햇살까지 내리쬐었다. 학회장님께서 순제릉에 도착 후 입구에서 '순제석상'에 빛[viii]을 주시며 정화를 시키시니 그 화답으로 찌는 듯한 폭염 속에 갑자기 한줄기 시원한 바람이 불더니, 이글거리는 태양을 잠시 잠재운 듯 그늘막이 쳐진 날씨처럼 관람하기에 좋은 환경이 되었다.

순제릉 입구 광장 바닥에 그려진 복희씨 대형 팔괘에 올라가셔서 빛[viii]의 터와 연결하시고 순제릉에 헌향, 헌주 올리시며 삼황오제 그분들의 모습이 구름위에 오셔서 우리를 보고 계신다 하시며 감사제를 올리셨다. 탐방 후 나오는 길 하늘엔 중국 지도 모양으로 대형구름이 하늘에 그려져 있었고 그 뒤에 구름으로 만든 지도 사이사이에서 빛줄기들이 내리는 모습이 무척이나 신비로웠다.

순제릉 입구 복희팔괘

순제릉 빛현상 중국 지도 모양 구름

4. 6월 7일 금요일 (서안 비림박물관, 대안탑, 화청지, 병마용갱, 진시황릉탐방)

오전에 중국에서 가장 오래된 비석들을 모아놓은 제1급 국가박물관인 비림박물관을 찾았다. 이곳은 중국 고대와 봉건사회시절 유명 서예가들의 작품도 전시되고 있었다. 학회장님께서는 수많은 비석들 중 느낌이 통하는 비석들에게 빛[viit]을 주시고 '삼족오'를 찾으시고는 빛[viit]과 교류하셨다.

이후 비림박물관을 나와서 삼장법사의 불경을 모아둔 '대안탑'을 찾아 '빛[viit]'의 안테나를 세우셨다. 오후에는 당현종과 양귀비의 별장인 '화청지'를 방문해 그 곳의 오래된 수목(800년 된 석류나무)에 빛[viit]

의 동전을 올려놓고 빛[viii]과 교류하는 빛[viii]의 안테나를 심으셨다.

다음 일정으로 그 유명한 '병마용갱'과 '진시황릉'을 답사했다. '병마용갱'은 가히 상상을 불허할 정도로 어마어마했다. 학회장님께서는 이곳에서 불쌍하게 동원되고 생매장된 수많은 영혼들에게 빛[viii]을 주셨다.

일정을 마치고 장사로 가는 공항 게이트 대합실에서 창밖으로 일몰이 장관을 이루었다. 태양이 이글이글 불타오르고 그 주변으로 빛풍선들이 마구 터져 나왔다. 공항대합실에서 탑승대기 중이던 수많은 사람들이 이 광경을 보고 탄성을 자아냈다. 학회장님께서는 병마용갱을 만들고 생매장을 당한 무수한 많은 영혼들을 빛[viii]으로 보내주었는데 그들이 보내는 감사의 표시라 하셨다.

비림 삼족오 빛교류

병마용갱

5. 6월 8일 토요일 (염제신농 사묘탐방)

염제릉 해원상생

오전에 호남성 주주시에 있는 염제신농사묘를 탐방했다. 장사에서 무려 5시간 이동하여 도착했다. '염제신농'은 앞서 방문한 '황제헌원'과 함께 삼황 중 한 분으로 차나무를 발견했고 농사짓는 법과 의약醫藥을 가르쳐 백성이 배불리 먹고 건강하게 살도록 했다고 한다.

현지에 도착하여 만난 문화해설사 이진의 말에 의하면, 오전에 우리 일행이 도착하기전 그들 표현으로 '성스러운 비'가 내렸다고 했다. 학회장님께서는 날씨로 환영의 마음을 보여준 것이라 하셨다. 일정 내내 해가 구름에 가리어 그늘이 만들어졌고 학회장님께서 '해원상생'이라는 글자를 써서 커다란 폭죽과 함께 터뜨리셨고, 염제신농릉에 헌향, 헌주를 올리며 예를 올리셨다.

안쪽에 수수하고 초라한 염제릉을 뒤로 한 채 앞쪽에는 자금성의 축소판 같은 대규모의 현대식 '염제신농대전'이 건설되어 있었다. 정말이지 깜짝 놀랐다. 두 곳의 모습이 너무나도 대조적이었다. 학회장님께서는 중국인들이 역사를 왜곡하기 위해 뒤에 염제릉은 절의 산신각처럼 눈에 띄지 않게 하고, 앞에 놓인 '신농대전'으로 이목을 끌어 역사를 왜곡하려 하고 있다고 말씀하셨다. 신농대전 광장엔 커다란 대리석으로 정팔각형 팔괘도가 깔려있었다.

중국은 1980년대부터 황제헌원과 함께 염제신농을 자신들의 조상으로 편입하여 '염제와 황제의 자손'이라는 의미의 '염황지손炎黃之孫' 또는 '염황자손炎黃子孫'이라고 부르기 시작했

염제신농대전 팔괘광장

다. 황제나 염제의 궁궐터나 사당을 복원하고, 초상이나 동상을 만들어 역사상의 실제 인물로 만들고자 하는 사업이라는 것을 확인할 수가 있었다.

민족의 뿌리를 사실이 아니라 가공해가는 중국의 실행력을 보면서 대한민국의 건국 역사를 다시금 생각하게 된다. 남의 민족 뿌리까지 자기 민족의 조상으로 편입시키는 것은 분명 잘못이다. 우리 민족의 정신과 뿌리는 무엇이며 이를 상징하고 기념하는 곳은 어디이며 6,000년의 역사의 자긍심과 가치를 어떻게 세울 것인지 모두가 자문해보아야 할 시점인 것 같다.

6. 6월 9일 일요일 (동정호, 이비묘 탐방)

오전에 중국 최대의 호수로 길이가 800리에 달하는 악양에 있는 동정호를 찾았다. 그리고 배를 타고 동정호 안에 위치한 '군산도'에 있는 이비묘를 방문했다. 이곳엔 순임금의 두 부인인 이비의 슬픈 사

동정호

예전에 구해놓은 반죽으로 만든 삼목통(좌)과 피리(우). 지금은
반죽 채취가 금지되고 국가 보호수로 지정되었다고 한다.

이비묘

연으로 만들어낸 반죽(얼룩진 대나무)숲이 있었다. 이비묘 주변의 숲을 거닐며 학회장님께서는 반죽과 고목에 빛[viii]을 주셨다.

오후엔 기차로 정주역에 도착하여 '서안'을 담당한 장명철 가이드를 다시 만났다. 그가 말하기를 우리 팀이 서안을 떠난 날 저녁부터 서안에는 벼락과 천둥이 치고 하늘은 억수같이 비를 퍼붓고 오늘까지도 계속 비가 내린다고 했다. 서안은 거의 비가 오지 않는 도시인데 말이다. 참 신기하다 말했다. 우리가 정주역에 도착했을 때는 비가 약간씩 부슬부슬 내리기 시작했는데, 차를 타고 이동 중에는 비가 내리고 목적지에 도착해서 내리면 비가 멈추는, 참으로 감사하고 신기한 일기가 이어졌다. 이러한 현상 또한 수차례의 빛여행에서 수도 없이 겪어온 일들이다.

7. 6월 10일 월요일 (회양현 태호복희사묘, 신정 황제헌원사당 탐방)

오전 11시경, 하남성 회양현에 있는 태호복희씨 사묘에 도착했다. 사묘 입구에 태호복희묘 안내문이 보였는데 영문과 중문, 심지어 한국어로까지 표시해 놓은 것이 눈에 띄었다. 자국뿐만 아니라 해외에까지 자민족의 역사를 알리려는 중국의 발빠른 대응이 보인다.

새벽에 비가 억수같이 많이 내렸다고 한다. 오랜 가뭄 끝에 내리는 비라 그곳 주민들은 모두가 신령스런 비라 하였다. 일행이 도착할 즈음, 맑게 정화된 깨끗한 날씨였으며 상쾌한 가랑비(빛비)가 내려 방문객이 많지 않아 번잡하지 않았고, 아주 조용하고 촉촉한 기분 좋은 빛비를 맞으며 새털 같은 마음으로 '복희사묘'를 둘러 볼 수 있었다.

학회장님께서는 전날 밤 잠을 못 이루시고 태호복희사묘에서 사용할 감사제문을 준비하셨는데, 이동하는 차안에서 우주마음의 느낌을 받아 빛교류 후, 우주마음의 뜻을 받아 적고 완성하시니 비가 그치고 맑아졌다고 말씀하셨다. 다음은 차안에서의 학회장님과 우주마음과의 빛교류 내용이다.

회양현 태호복희사묘 감사제

『우주마음이 6,000여년 전 태호복희에게 '팔괘'를 주셨다. 지금은 우리에게 '팔목과 삼목'을 주셨다. 태호복희에게 준 팔괘를 이용하여 팔목을 뜻대로 활용해 온 세상에 '빛viit'을 알리라 하셨다. 이 지구를 비롯해 우주삼라만상에 존재하는 모두를 포용하고 초월하는 Viit Meditation House를 세워 그곳에 빛viit이 함께 해 누구나 와서 힐링하고 세계평화, 행복의 장소가 되게 하라 하셨다. 제2의 르네상스가 될 것이다. 다시 한 번 빛viit으로 인류를 살릴 새로운 기회가 왔다고 하셨다. 나의 것, 남의 것 따지지 말라 하셨다. 역사를 되찾으려하지

황제헌원 사묘

마라. 크게 포용하라. 모두다 하나의 뿌리에서 파생된 것이며, 빛^{viii}

안에서 모두 하나다.』

다음 일정으로 '신정'에 있는 '황제헌원'의 고향에 있는 사당을 방
문하였는데 도착했을 때는 이미 입장마감시간이 지난 5시 45분 이었
다. 원래는 5시 30분이 관람 마감 시간이었는데 오늘 현지 사정으로
30분 연장한다고 해서 입장할 수 있었다. 중국인들은 칼같이 퇴근을
하는데 이 날은 어떻게 된 일인지 근무종료시간이 지났는데도 입장
을 허락해주었다. 현지가이드는 이런 일은 중국내에서는 있을 수 없
는 일이라며 혀를 내둘렀다. 함께 한 우리 일행 또한 이런 일들이 너
무 신기하였다.

사당 내부에 이르자 황제상이 보였다. 인문초조人文初祖. 사람과 문
명의 시초가 되는 조상이 황제헌원이라는 의미를 담은 현판이 걸려
있었다. 학회장님께서는 사당마당에 있는 고목나무 세 그루를 빛^{viii}의
나무로 명명하시고 빛^{viii}의 터와 연결시키셨다. 돌아오는 차창으로 비

치는 일몰광경이 너무도 아름다웠다. 빛^{viii}의 향연을 또 한 번 보여주셨다.

8. 6월 11일 화요일 (요제릉, 어태현 태호복희 획괄괘처 탐방)

이날의 첫 번째 여정인 하남성 산동성에 있는 하택시 요제릉에 도착했다. 수천 년 전 임금의 무덤이라고는 도저히 상상할 수 없는 초라하기 그지없는 흙무덤이었다. 작고 볼품없었고 일제의 도굴흔적으로 보이는 구덩이가 있었다. 전설 속 임금의 능묘라기엔 전혀 관리되지 않고 있었다.

무덤 앞 동네 여인네들에게 우리 일행이 이 묘가 요제릉이 맞냐고 물으니, 흙을 쌓아 놓은거지 무덤이 아니라며 우리 일행을 혼돈스럽게 하였다. 그 찰라에 이곳 사당지기인 66세 왕극춘 할아버지가 나

요제릉

타나, 이곳이 요임금의 무덤이 맞으며 맞은편 낡은 사당이 있으니 들어가 보라며 우리 일행을 안내했다.

무덤마당에는 잡풀이 무성히 자라고 있었다. 이제껏 보아온 능묘와 사당과는 많은 차이가 있었다. 사당 한구석 어느 비석에는 2008년 한국락앤락회장이 사당보수금을 희사했다는 얘기가 씌어져 있었다. 사당 앞에는 향로조차 없어서 학회장님은 땅에 나뭇가지로 삼각형씰마크를 그리고 그 안에 향을 꽂은 뒤 감사의 예를 올렸다.

요제릉을 출발하여 오후 6시가 다 되어 어태현 태호복희사당(획팔괘처)에 도착하였다. 획팔괘처는 태호복희씨가 팔괘를 하늘로부터 받은 곳으로 전해져 오고 있다. 또한 이곳은 우리의 이번 탐방에서 가장 중요한 곳이라고 할 수 있다. 이곳은 이번 여행의 하이라이트로, 말그대로 태호복희가 하늘로부터 팔괘의 영감을 받아 처음으로 팔괘를 그려 얻은 곳이다. 이곳은 산동성에 현재 남아있는 가장 오래된 사묘건축물이다. 특이한 점은 능 위에 복희·여와사당이 만들어진 점이다. 능 위에 사당을 건축했다는 점은 중국사묘 건축역사상에는 유일하다 한다.

이곳은 태호복희씨의 형상을 조각한 조각물만 있는 사당이었고, 가슴에 팔괘를 안고

태호복희상

있는 모습이었다.

학회장님께서는 감사의 마음으로 우주마음에 예를 올리셨다. 헌향과 헌주를 하고 잠시 침묵으로 복희씨의 영과 교류하시며, 이제 팔괘를 가져가도 되겠냐고 하시자, 복희씨의 영이 가슴에 품고 있던 팔괘를 통째로 가져가라고 했다고 말씀하셨다. 영적에너지가 낮은 일반 사람들이 이런 행동을 할 때는 어김없이 하늘의 응징(주살)을 받을 거라 하셨다.

팔괘대에 올린 한역팔목, 삼목, 초광력씰

학회장님께서는 제단 앞에 놓여있던 팔괘대 위에 한역팔목과 삼목을 올려놓으시고, "이제 태호복희 팔괘는 온전히 한역팔목과 삼목으로 거듭납니다." 라고 하셨다. 이날 태호복희씨의 팔괘는 한역의 뿌리로서 학회장님이 만드신 팔목으로 다시 탄생하는 순간이었다. 학회장님은 이제 팔괘는 앞으로 영원히 우리 민족 뿐 아니라 전 세계 모든 사람들에게 빛[viii]을 세상에 알리는 역할을 할 거라고 하셨다. 그리고 복희사당 뒤쪽에 위치한 여와사당에도 헌향하시며 빛[viii]을 주셨다. 일행은 마당으로 나와 '황정'이라는 비석이 세워져 있는 우물에 모여, "이 우물은 우주마음으로부터 받은 팔괘의 기적으로 생겨났으며, 우물의 물을 마시면 모든 아픔이 사라지는 기적의 샘물이 되었다"는 우물에 관한 이야기를 들었다. 학회장님께서는 빛[viii]으로 그 샘물과 팔괘를 연결하시고 "이제 이것도 우리 우물이다"고 하시며 이곳에 빛^{viii}의 안테나를 세우셨다.

그 무렵 건너편 하늘에 있던 해질녘 태양을 향해, 학회장님께서 빛^{viii}을 보내시며 "커져라"라고 말씀하시자, 이미 서산으로 넘어간 해가 그 소리에 맞춰 다시 떠올라 크고 환하게 분열하여 점점 더 우리 가까이로 다가오고 있었다. 그 광경을 함께 지켜본 서안 장명철 가이드가 우리 일행을 사진에 담으며 사진에 담긴 빛현상에 놀라움을 금치 못했다.

9. 6월 12일 수요일 (공자사당, 소호금천 사묘탐방)

산동성 곡부에 있는 공자의 사당을 방문했다. 사당 안은 수많은 관람객으로 붐비었다. 우리 상고사를 조작한 공자는 자신이 쓴 책 『예기』에서 죽기 일주일전 자신이 두 개의 기둥사이에 누워있는 꿈을 꾸고 그것이 동이족의 장례의식인 지석묘를 상징한다는 것을 알고 자신이 동이족인 은나라의 후손인 것을 제자 자공에게 알렸다고 한다. 즉, 자신을 중화민족, 한족으로 알고 동이족의 역사를 날조했는데 죽기 일주일전 자신이 동이족임을 알게 된 것이다. 참으로 비통한 역사다.

다음 일정인 오제 중 하나로 황제헌원의 맏아들인 소호금천씨 사묘로 향했다. 이곳은 공자사당의 북적임과는 달리 찾는 이들이 드문한적한 분위기였다. 소호금천씨는 황제의 후손으로서 우리 일행은

‘맹자’가 쓴 이루하 제 1장에 나오는 글귀가 쓰여진 현판과 그 옆에
사마천의 사기에 의한 우순의 가계도를 사당안에 있는 전시물을 통
해 볼 수 있었다. 관련 내용은 다음과 같다.

〈孟子離婁 下 曰〉: 舜生于诸冯, 迁于负夏, 卒于鸣条; 东夷之人也

[맹자 이루 하 왈, “순임금은 제풍에서 태어나고, 부하로 이사하시
고, 명조에서 돌아가셨는데, 그는 동이사람이다.”]

우리가 증명하고자 했던 삼황오제가 우리의 선조라는 사실이 역사
적 자료로 명확히 드러나는 순간이었다. 일행은 자료를 확인한 뒤 사
당뒤쪽에 있는 ‘소호금천씨릉’으로 발길을 돌렸다. 학회장님께서는 능
앞에 빛^{viii}의 씰마크를 그리시고 그 밑에 광光자를 쓰시고 씰모서리

소호금천씨 사묘

에 향을 피우신 뒤, 다시 한 번 주역이 한역으로 거듭남을 선포하셨다. 또한 하늘의 문을 조금 열어 놓을 테니, 선조들에게 빛[viii]의 나라로 가시라고 하셨다. 감사제를 지낸 후 능 주변에 예쁘게 피어있는 들꽃과 나뭇잎과 돌을 채취해 이 날의 기념으로 삼으셨다. 채취한 것들은 영원히 시들지 않을 것이라 말씀하셨고 그 곳의 좋은 에너지들을 빛[viii]의 터와 연결시키셨다.

10. 6월 13일 목요일 (중화삼조당 탐방)

이번 탐방의 마지막 일정으로 '탁록현'에 있는 '중화삼조당'을 찾아갔다. 이 곳은 대형 현대식 사당으로 크기가 어마어마했다. 염제신농, 황제헌원, 치우천왕 세 분의 석상을 모신 사당이다. '귀근원'이라는 문구를 써서 세 분이 그들의 조상이라고 역사를 왜곡하고 있었다.

남의 것을 빼앗아 버젓이 자기 것인 양 화려하게 치장해 세월이 흐르면 어느 누구도 반박할 수 없게 날조하고 있었던 것이다. 참으로 비통하고 안타까웠다.

이번 중국 삼황오제 역사탐방을 통해 우리 배달민족의 정신과 인류역사의 시원을 찾는 데 큰 의의를 가질 수 있었고, 우리 민족의 자긍심을 다시 한 번 찾을 수 있었던 소중한 기회였다. 역사를 공부하는 것은 지나간 세월을 주워 담으려고 하는 것이 아니라, 그것을 통해 미래를 알고 미래의 올바른 비전을 세우려함이다.

중화삼조당

　한역과 함께 새로 확인하는 우리의 역사를 돌아보며, 우리 민족의 시조인 삼황오제가 신화나 전설이 아닌 실존과 현존의 역사적 사실이었음을 두 눈으로 직접 확인 할 수 있었음에 무한한 영광과 감사의 마음이 들었다.

　6천 년 전 우주마음이 태호복희씨에게 '팔괘'를 주어 세상을 이롭게 하고 상생과 평화를 가르쳤듯이, 지금의 학회장님을 통해 '빛viii'을 주어 현세에 살고 있는 모든 이들이 건강하고 행복하게 살아갈 수 있도록 해주었기에 빛viii의 도구인 '한역팔목'을 통해 빛viii을 알리고 전하며 행복을 추구해야 하는 의무가 우리에게 있다.

　또한 일만 년의 역사를 가진 대한민국의 자랑스러운 후손임을 마음 깊이 새기며, 현존의 빛viii이 왜 우리와 함께 하는지를 깨닫게 되었다. 일본에 의해 왜곡된 식민사관과 중국에 대한 모화사상의 흔적이 남아있는 역사서로 교육받은 우리들은 지금의 이러한 일들을 통해 다시 재조명되는 우리의 상고사가 국민들에게 바르게 읽혀지기를 바란다.

발로 직접 찾아가 우리 시조의 능묘와 사당을 탐방하고 확인할 수 있었던 귀한 발걸음이었다. 아마 평생 잊지 못 할 것이다. 지난 30여 년간 학회장님께서 수만 명의 사람들을 통해 검증한 한역의 집필을 마무리하시면서, 한역의 시원을 확인하기 위해 시작된 이번 '한역답사'는 한역과 함께 더 큰 사실을 아는 계기가 되었고, 왜곡된 역사의 진실을 바로잡아 민족정신을 회복하고, 교육을 통해 긍지를 유발하며, 바른 역사를 세우고 후대에 전하여 미래발전에 큰 기여를 할 것으로 기대된다. 또한 이번 탐방으로 태호복희의 팔괘는 우리나라의 한역팔목으로 새롭게 재탄생되어 지구촌 많은 이들에게 빛[viii]의 현존을 알리는 빛[viii]의 도구로 자리매김 할 것임을 믿어 의심치 않는다.

『한역팔목』은 한국 고유의 역학서

영남대 명예교수 **이창은**

중국인들이 지금 동북공정으로 만리장성을 확장 증축하여 고구려와 발해의 영토를 이 밝은 대낮에 강탈하여 자기들의 고대 국가 영토로 편입하고 있듯이, 그들의 선조인 고대 중국인들도 요하 유역에 이룩한 홍산문화의 창시자인 배달 동이민족의 태호복희씨를 강탈하여 가서 중화문화의 시조로 둔갑시켜놓았던 것이다. 그리고 일본인들도 그들의 선조들이 대마도를 자기들의 영토로 편입한 이후에 지금은 또 독도마저 자기들의 땅이라고 우기고 있으니 진실과 진리가 어디론지 사라져가고 없는 말세가 아닌가 하는 생각이 든다.

환단고기의 저자인 안경전에 의하면 서기 2013년 금년은 우리 동이민족의 단기4346년이요 그에 앞선 배달신시 및 환국의 기록으로는 환기 9210년이다. 원래 배달신시 및 그 이전의 환국의 신하인 삼황오제는 모두 다 황하문화보다 3~4천년이나 앞선 홍산문화 발상지에 거주한 동이민족의 선조들이다. 그 중의 태호복희씨는 팔괘의 역리를 창안하여 환국 백성들의 일상생활의 편의를 도모하고 나아가서 불가항력으로 보이는 온갖 국가적 난관이 있을 때마다 이를 슬기롭게 돌파할 수 있는 최선의 길을 선택하고 이를 수행하는데 도움을 주었다. 그런데 고대 중국인들이 지금 자행하고 있는 동북공정과 같은 수법으로 우리 배달민족의 선조인 태호복희씨를 중국 사람으로 만들어 놓은 이후 지금까지 수천 년 동안이나 환국 즉 한국의 팔괘 역학을 중국의 주역인 줄 오인하게 하였다.

정광호 학회장님은 어린 시절 도경에게서 받은 역학 책과 직접 들은 설명을 시작으로 해서 그 책의 내용에 우주마음의 빛[viii], 초광력을 더하여 간결하고 쉽게 발전시켜 참으로 편리한 한역팔목과 삼목을 창제하였다. 그래서 온갖 혼란스러운 갈림길에 직면한 우리나라 사람뿐만 아니라 전 세계 각국의 사람들이 그 어느 길로 가야할 것인지 갈길 몰라서 갈팡질팡하는 이때, 정확하고 바른 길을 선택하여 당면한 혼란과 난관을 돌파 극복할 수 있게 하는 지침이 되게 하고 있다. '한역팔목'은 복잡하고 난해한 중국의 주역과는 달리 누구나 알기 쉽고 간편하게 사용할 수 있게 쓴 한국 고유의 역학서이자 예지도구이다. 그러므로 우리나라 사람뿐만 아니라 전 세계 인류의 건강과 풍요, 행복 번영을 증진시키는데 크게 기여할 것이다.

'한역팔목'은 복잡하고 난해한 중국의 주역과는 달리 누구나
알기 쉽고 간편하게 사용할 수 있게 쓴 한국 고유의 역학서이자
예지도구이다.

8장

한역팔목의 활용

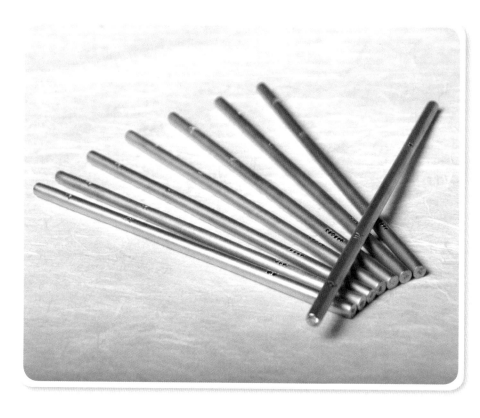

한역팔목의 결과가 좋고 나쁨을 떠나 그 뜻에 순응하고 감사하고 겸손한 마음으로 임하는 것이 가장 중요하다. 최상의 선택을 돕는 한역팔목이지만 그 것을 활용하는 사람의 순수한 마음가짐, 진심에 따라 목이 가리키는 방향이 달라질 수 있음을 명심하기 바란다.

한역팔목을 발명 특허 받아
세상에 내놓는 이유

30여 년간 준비한 한역팔목의 본뜻을 흐리지 않고 지키기 위해 발명 특허를 받아 세상에 내놓는다. 이 또한 그분의 뜻이기에.

　법, 규범이라는 것도 사람들을 보호하고 좀 더 편한 세상을 실현시키고자 만든 인간 공동체 나름대로의 산물인 것이다. 하지만 법과 규범이 인권을 침해하고 사람들이 악용하기 시작하면서 점점 더 법의 울타리는 높아져 가고 그 두꺼운 벽에 우리 스스로가 갇히기도 한다.

　우주의 빛viir은 법이나 규범처럼 인간 스스로 만든 모든 것 이전의 스스로 비롯된 밝은 마음의 주인이며 그런 순수한 마음에서 처음 한역팔목은 온 세상 사람들이 두루두루 쉽게 접하고 이를 이용하여 삶의 힘든 순간을 미리 대비하기를 희망했지 특허는 생각조차 하지 않았다. 하지만 조금만 색다른 것이 나오면 그것보다 더 그럴싸한 모방제품이 알맹이는 없이 비슷하게 흉내 내는 경우를 많이 접하고 또한 직접 겪다 보니 오히려 팔목八目을 내놓지 않은 것보다 못한 경우가 생기지 않을까? 하는 마음에 발명 특허를 받게 되었다.

‘빛명상본부’가 설립되기 전 ‘빛viit의 힘’으로 사람들의 마음을 정화 시키고 더불어 육체의 질병이 기적같이 치유되는 많은 사례들로 인해 세간에 회자되기 시작할 무렵 저자가 쓴 「빛으로 오는 우주의 힘, 초광력」이라는 이름으로 책이 출판되면서 그 책을 응용한 유사한 행위가 난무하게 되었다.

그래서 ‘초광력 超光力, UCS, VM’이라는 어원을 국내 및 국제고유명사화 시켜 서비스표 특허 등록을 받아 일반사람에게 주는 혼란을 막고자 했지만 ‘초광력’ 특허 이후에도 96년 칠곡 성당에서 열린 공개시연회에 소문을 듣고 참석한 사람들이 그날 많은 기적과 변화를 체험하게 된 이후에 가톨릭 교구청에서 이상한 말이 나에게 흘러 들어오게 되었다.

초광력을 행하는 선생이 순수한 빛viit만 행하는 줄 알았는데 초광력 지부를 만들어 무속신앙인처럼 신당을 모셔놓고 이상한 무속행위를 한다는 등의 터무니없는 말들이 퍼지기 시작했다. 회원들이 소문의 진상을 확인하고자 그곳을 찾아가 보니 소문 그대로 ‘우주초광력학회’라고 간판까지 똑같이 내걸어 사무실을 개설하고 있었다. 몇몇 회원이 그곳을 방문하여 어떤 이유로 만들게 되었는지 알아본 결과 칠곡 성당에서 열린 ‘공개강연회’때 자신도 비슷한 능력이 찾아와서 이렇게 문을 열었다고 한다. 어떤 회원에게는 초광력 선생의 제자라고 했다가 다른 회원에게는 제자가 아니라 자신도 초광력의 능력을 받았다며 찾는 회원마다 딴 소리로 둘러댔다고 한다.

그는 그날 공개 시연회 때 나의 모습 그대로 흉내내며 사람들의 질병을 치유한다며 홍보물까지 제작하여 나눠주기도 해서 모르는 사람이 그것을 접하면 그가 마치 초광력 선생이라고 착각할 수도 있을 정도로 그럴싸하게 흉내를 낸다고 했다. 본인보다도 더욱 포장을 그럴싸하게 잘해 놓고 오히려 그가 진짜처럼 보였다고 했다. 그런 것을 대비하기 위해 상표특허등록을 내놓지 않았다면 지금쯤 골목골목 기수련단체가 생겨 혼란을 야기시키는 것처럼 똑같이 사람들에게 혼란을 주게 되었을 것이다. 그 후 본 학회와 유사하게 흉내 내던 그 단체는 가운데 '광'자를 빼고 우주초O력회라고 이름을 바꾸어 여전히 운영되고 있다고 한다.

이처럼 세상에서 진짜 가짜를 분별한다는 것이 조금 어폐는 있지만 근본의 힘이 없이 마치 진짜인 것처럼 흉내내는 곳이 숫자를 셀 수 없을 정도로 많아지는 것은 유독 어제 오늘의 일만은 아닌 것 같다. 우주의 빛[viii]을 모르는 사람들에게 삶의 힘든 일이 다가오면 당황하거나 좌절하지 않고 지혜롭게 대처할 수 있는 바른 지침서가 되기를 바라며 또한 자신의 타고난 운명과 다가올 운명을 바로 알고 빛[viii]과 빛명상으로 보다 순리적으로 바꾸어 나갈 수 있는 우주마음의 뜻이 '한역팔목韓易八目'에 담겨 있다. 30여 년간 준비한 한역팔목의 본뜻을 흐리지 않고 지키기 위해 발명 특허를 받아 세상에 내놓는다. 이 또한 그분의 뜻이기에.

한역팔목의 올바른 사용

이제 시작하여 '한역팔목'과 조화를 이루는 것을 우선적으로 해야 하는 사람이 타인의 문제를 봐주거나 자신의 미래에 대해 알아보는 것은 되지 않는다. 아직까지는 공부하면서 가볍게 연습하는 시기임을 명심해야 한다.

보통 올바른 선택을 하기 위해서는 삶의 경험과 지식을 바탕으로 예상되는 문제를 최대한 피해야 한다. 인간의 힘으로 어쩔 수 없는 자연현상에서부터 복잡하게 엮여있는 사회현상에 이르기까지, 반복되는 현상에 대한 관찰과 시행착오를 거치면서 그 내용들이 정립되고 미래를 예측할 수 있는 수단이 되며 또한 학문으로써 가치를 지니게 된다.

즉, 올바른 선택이란 인간의 경험과 지식에 근거한 예측 가능한 전문적인 지적 활동의 확장이라 볼 수 있고 학문의 범위에서 최적의 결론을 도출해내는 것을 의미한다. 그래서 사람들은 일상생활에서 어려운 문제에 직면하거나 스스로 해결 방법을 찾지 못할 때 주변에 의견을 묻게 되고 특히 해당 분야의 전문가를 찾게 된다.

배탈이나 감기처럼 가벼운 증상의 경우에는 집에서 간단한 요법을 통해 회복될 수 있겠지만 심각한 질병에 걸린 경우는 병원을 찾아 의사의 진찰과 처방을 받거나 필요한 경우엔 수술도 받아야 한다. 법률적인 문제에 있어서도 소송은 제외하고라도 법률 서류 한 장도 일반인들은 법조인의 도움이 필요한 것이 사실이다.

의과대학에서 기본 7~8년의 공부와 수술을 집도하면서 많은 시간을 보낸 의사들도 사람의 목숨을 대하는 데는 조심스럽다. 아무리 오랜 경험과 지식을 가지고 있는 의사라고 해도 수술 전에는 반드시 환자나 보호자로부터 만약의 사고에 대비한 서약서를 받는다. 의료사고나 수술 후 후유증 또는 수술로 인해 환자가 죽어도 병원과 의사에게 책임을 묻지 않겠다는 각서이다. 의사가 환자를 살려내겠다는 의지로 수술한들, 삶과 죽음의 영역은 함부로 책임을 지지 못하는 부분이기 때문이다. 판사의 경우도 마찬가지이다. 법과 대학과 로스쿨에서 열심히 공부했다한들 법대 대학생에게 죄를 판가름하는 판사의 자리를 맡기진 않는다. 사법고시에서도 최상위권 그리고 수년간의 경험을 통해야만 가능하다.

그러나 아무리 많은 공부를 하고 경험을 가지고 있다 해도 예외적인 상황이 닥치게 되면 그 동안 쌓았던 지식과 경험은 별로 도움이 되지 않는다. 결국 처음 맞는 것과 다름없는 새로운 경험이며 또 다른 시행착오중 하나가 될 뿐이다.

진정 올바른 선택의 기준은 무엇일까? 인간의 한계(축적된 경험과 지식)를 넘어선 지금까지는 경험하지 못한 상황에 대해서도 옳은 방향제시를 할 수 있는지의 여부가 그 기준이 될 것이다. 또한, 개인에 따라 여건이 다를 수밖에 없기 때문에, 누구에게나 공통적으로 적용되는 것이 아닌 각 개인의 조건에 맞춰 예지 할 수 있는 방법을 갖춰야 할 것이다.

이와 같은 기준을 갖춘 것이 바로 한역팔목이다. 한역팔목은 단순히 수많은 사례를 통한 확률적 통계와 학문에 기초한 점술도구가 아닌, 세상의 변화를 읽어내는 '미래예지도구'이다.

사람이 저마다 생각하는 두뇌와 감동하는 심장을 가지고 있는 것처럼, 한역팔목 또한 각 개인마다 가지고 있는 고유한 환경에 따라 작동되는 개인맞춤 예지도구이다. 즉, 한역팔목은 공용으로 돌려쓸 수 있는 것이 아닌 주인(소유자)과 파장(에너지)을 맞추는 조율의 기간이 필요하며, 빛명상(책 『빛명상, 눈덩이처럼 불어나는 행복순환의 법칙』과 빛카페 www.viitcafe.com 참고)을 통해 한역팔목을 제대로 사용할 수 있는 상태로 초기화할 수 있다. 그리고 한역팔목 사용을 위한 빛명상의 숙련도에 따라 한역팔목은 개인의 신상에서부터 조심스레 국가의 운까지도 살펴볼 수 있는 능력을 가질 수 있다. 그렇기 때문에 한역팔목을 올바르게 잘 이용하면 본인뿐만 아니라 남을 위해, 주변을 위해, 국가와 세계의 문제까지도 해결할 수 있는 미래의 열쇠를 얻을 수 있다.

그러나 이제 시작하여 '한역팔목'과 조화를 이루는 것을 우선적으로 해야 하는 사람이 타인의 문제를 봐주거나 자신의 미래에 대해 알아보는 것은 되지 않는다. 아직까지는 공부하면서 가볍게 연습하는 시기임을 명심해야 한다.

또 한 가지 주의해야 할 점은 한역팔목을 이용하는 사람이나 회원들이 본 학회와 빛[viii]에 관련된 일 그리고 학회장 본인에 관련된 물음에 대해 한역의 조언을 구하는 것은 매우 잘못되고 교만한 행동이다. 바닷가 모래알 한 톨에게 바다의 의미를 물을 수 없는 것처럼 빛[viii]을 알리는 도구인 한역팔목에게 감당할 수 없는 물음을 하는 것이기에 옳은 답이 나오지 않는 것은 당연하고, 적정 능력을 넘어선 사용으로 인해 한역이 제대로 기능을 하지 못하게 되어 계속 잘못된 방향을 안내할 수 있다.

또한 한역팔목은 길거리 점술이 아니다. 시비나 원망이 돌아오지 않게끔 주의해야 한다. "한역팔목을 뽑아보니 올해 지방선거는 누가 된다더라"라는 식으로 자신의 것도 제대로 못 보면서 한역팔목에게 정도를 넘는 질문을 하면 한역팔목은 주인(소유자)에 대한 신뢰를 하지 못하고 예지력도 점점 없어지게 된다. 단순히 인기를 끌려고 호기심 때문에 한역팔목을 이용한다면 그 대가가 자신에게 되돌아온다. 그 결과가 얼마나 무서운지 모르기에 하는 일이겠지만 책임감을 가지고 신중하게 한역을 대해야 한다. 모르는 걸 아는 체 하지 말고 겸손한 마음가짐과 태도를 가져야 한다.

이처럼 한역팔목을 이용할 본인의 그릇과 역량을 키우는 데 집중하면 한역팔목은 주인의 능력을 믿고 그 빛[viii]을 발한다. 그렇지만 오직 한역팔목에 매달려서 그 결과에만 의존하려 한다면 한역팔목의 능력은 떠나간다. 한 사람의 올바른 판단이 세상을 바꿀 수 있으며 풍요와 행복으로 가득 찬 미래를 열 수 있다. 한역팔목은 그 길에 든든한 이정표를 제시해 준다.

또 한 가지 주의할 점은 한역팔목의 답에 따른 결과적 책임은 본인에게 있다는 것이다. 역易의 뜻이 고정불변이 아니라 변화를 담고 있듯이 본인의 운의 흐름에 따라 목目 또한 언제든지 변화되고 바뀔 수 있다. 단, 생명 원천의 힘 빛viit과 함께 하는 빛명상을 할 경우, 보다 좋은 방향으로 바뀔 확률이 높아질 수 있다. 목目의 결과가 나쁘더라도 빛명상을 통해 근원에 대한 감사의 마음과 겸허한 마음을 유지하고 복을 짓는 사람이라면 액운을 면하고 좋은 운기로 바뀔 수 있다는 뜻이다.

따라서 목目의 결과에 따르는 모든 법적 책임은 본인에게 있음을 미리 밝혀둔다. 주어진 목目의 답과 다른 결과가 발생하더라도 그것은 개인의 운의 흐름에 의한 결과이거나, 그것을 활용하는 사람의 마음상태에 따라 다르게 된 것이므로, 그 결과에 대한 책임을 다른 사람에게 묻는 것은 법적으로도 불가능한 일이다. 목目의 결과가 좋고 나쁨을 떠나 그 뜻에 순응하고 감사하고 겸손한 마음으로 임하는 것이 가장 중요하다. 최상의 선택을 돕는 팔목이기는 하나 그것을 활용하고자 하는 사람의 순수한 마음가짐, 진심에 따라 목目이 가리키는 방향이 달라질 수 있음을 명심하기 바란다.

한역팔목의 활용

한역팔목의 효력이 단순히 외형물이 아니라 그 안에 봉입된 빛[viii], 인위적으로 아무나 흉내 내거나 모방할 수 없는 우주 원천의 힘을 통해 발현되기 때문이다. 그래서 한역삼목과 팔목은 단순히 구입해서 사용하는 점술도구가 아니므로 일정기간 동안 교육(한역아카데미)을 통해 이용 가능하다.

삼목三目과 팔목八目의 차이

한역팔목은 총 8개의 목目 : 숫자가 새겨진 막대로 이루어져 있으며, 각각의 목에는 1에서 8까지의 숫자를 뜻하는 점(●)이 새겨져 있다. (예 : 1은 ●, 2는 ●●, 3은 ●●●)

삼목의 활용방법은 3개의 목을 쥐고 한 번 뽑아 그 목을 확인한다. 따라서 삼목은 시간이 오래 걸리지 않으며 복잡하게 답을 찾아볼 필요가 없어 무척 간편하고 신속하다. 삼목의 해석 방법은 간략하게 설명해서 '1은 긍정, 2는 부정, 3은 보류'라고 할 수 있으며, 더 자세한 부분은 한역아카데미 과정에서 참조하시기 바란다.

당장 시급한 사안, 빠른 결과를 알고자 하는 경우에는 삼목을 활

용하지만, 좀 더 깊이 있는 해석을 구하고자 한다면 팔목, 즉 여덟 개
의 목을 전부 사용한다.

팔목은 8개의 목을 모두 한 손에 쥐고 다른 한 손으로는 하나씩
목을 뽑은 후 그 두 숫자의 조합으로 답을 구하는 것이다. 따라서 한
역팔목은 총 64(8×8)가지 종류의 답이 나올 수 있다.

한역팔목과 삼목

팔목은 다음 순서에 따라 답을 구한다.

① 묻고자 하는 질문을 고요한 마음으로 생각한다.

② 8개의 목을 한 번에 한 개씩, 총 두 개를 뽑아 순서대로 기억해
둔다. 이때 남자는 왼손-오른손의 순서로, 여자는 오른손-왼손의
순서로 뽑는다. 두 번째로 뽑을 때는 처음 뽑은 목까지 합하여 여덟
개를 모두 쥔 후 하나를 뽑아야 한다.

예를 들어 남성의 경우, 우선 오른손에 한역팔목 8개를 섞어 잡은
후 왼손으로 1개를 뽑는다. 목目이 하나(●)이면 1을 기억 또는 메모한
다. 그 다음 왼손에 목 8개를 섞어 잡은 후, 두 번째 1개를 오른손으
로 뽑아 그 목目이 셋(●●●)이면 3을 기억 또는 메모한다. 결국 이 남
성은 1.3(●, ●●●)목을 뽑은 것이므로 뽑은 순서대로 1.3목을 찾아

해당하는 답을 보면 된다.

③ 답을 구하고자 하는 내용이 어느 영역에 속하는지 아래의 표에서 해당하는 번호를 찾아 그에 해당하는 핵심 내용을 확인하면 된

번호	해답
01 사업	해외 시장 개척 길함, 진행하라. 협력자를 얻어라. 계약서는 만전을 기하라. 순풍에 돛단배, 박차고 나가되 사욕은 억제하라.
02 소원	귀인의 도움 받음, 이룸. 정의롭게 행동하라.
03 상담	상담을 요청해 온다. 상대방이 먼저 화해를 청함 (분쟁 건)
04 재운	남과 함께 하면 재미, 욕심은 버려라. 공정하게 나누어라.
05 연애	라이벌이 많다. 재결합 한다. 정신적 사랑이 중요
06 혼인	순조롭다. 그러나 철저히 조사도 필요하다. 원만하다.
07 매매	유리하게 성립, 지나친 욕심은 금물 (잘 되다가도 실패)
08 소식	동행자가 있다. 반드시 온다.
09 가출	동반자가 있다.(서북·남쪽 방향) 함께 돌아온다.
10 출산	순산
11 이사	무방, 아파트에서 아파트로 무난하다.
12 여행	단체면 좋다. 단독은 불길조짐 (특히 이성과의 동행은 구설수 초래)
13 시험	합격, 실력에 맞출 것
14 만남	좋다. 긍정적. 상호간 유리.
15 분실	타인. 경찰의 도움으로 찾는다. (남쪽)
16 구매	무해무득. 일단 고려(보이스피싱 등 문자사기조심)
17 건강	장기 질병은 위험, 열병·전염병 조심, 명상 호전.
18 직장	순탄 (경쟁자 많음), 관련지인에게 부탁하라.
19 주의	세력다툼(언행조심). 진심으로 협조하는 마음으로 임하라.
20 운기	교우(交友)의 원칙(原則)이라는 아주 좋은 목이다. 대길운으로 크게 발전할 운이다.
21 종합	대길운으로 공동광장에서 널리 인재를 구할 수 있으니 크게 발전한다. 그러나 사욕은 억제하여야 후일 큰 뜻을 이룬다. 일부 반대 의견도 있으나 마음을 열고 협력한다면 대성공한다. 해외의 행운도 보인다. 동업도 순탄하다. 근원의 빛의 도움을 받으면 만사형통.

1.3목을 찾아 해당 항목과 내용을 참조하여 답을 확인한다.

다. 예를 들어 '사업'에 대한 문제를 놓고 1,3목을 얻었다면 1번 항목(사업)의 핵심 내용을, '결혼'에 대한 문제의 답을 구한다면 6번 항목(혼인)의 핵심 내용을 확인해본다.

단, 다음의 조항은 한역팔목과 삼목에 적용될 수 없다.
ㄱ. 순리에 어긋난 민형사상 사건, 법률문제
ㄴ. 사행성 행위나 불법적 거래
ㄷ. 타인에게 피해를 주거나 도덕과 상식에 위배되는 일
ㄹ. 의·과학적 소견
ㅁ. 종교 또는 유사한 관련 연결 등등

※ 각 64목에 해당하는 21개 항목의 답지인 소책자와 한역팔목에 관한 상담 및 문의는 마지막장을 참조하기 바란다.

한역팔목을 이용할 때 주의할 사항

① 더욱 명쾌한 대답을 구하고자 한다면 자기가 원하는 쪽의 해답을 미리 생각해서는 안 된다. 즉, 자기의 염원이나 잡념이 들어가서는 명확한 답을 얻을 수 없다. 목을 뽑기 전 5~10분 간의 간단한 빛명상을 하고 혹시 그것만으로 부족하다면 20~30분을 기다려서라도 마음을 안정시키고 무념무상의 순수한 상태에서 답을 구해야 한다. 한역팔목은 손이 아니라 마음으로 뽑는 것이다. 모든 것은 자신의

마음 안에 있다. 더 정확히 말하면, 한역팔목은 자신의 순수한 빛마음에 답을 묻는 것이다. 따라서 그 마음이 순수해질 때 '우주 근원의 힘'이 도와 한역팔목을 통하여 바른 길, 정확한 방향이 드러난다.

② 절대 재미 삼아 보거나, 원하지 않는 답이 나왔다 하여 같은 문제로 반복해 뽑아보지 않는 것이 좋다. 결과가 원치 않는 쪽이거나 부정적이라 하더라도 더욱 겸손한 마음으로 빛[viii]과 함께 복을 지어 나가면 오히려 그것이 훗날 좋은 결과로 바뀔 수 있기 때문이다.

③ 어려운 곳 등에 정기적으로 선을 행하면 더 명쾌한 답을 얻을 수 있다. 그만큼 마음이 맑아지도록 우주마음이 돕기 때문이다.

④ 한역팔목은 임의 제작 또는 복제·복사해서 사용할 수 없다. 한역팔목은 단순한 점술 도구가 아닌, 우주 근원의 빛[viii]이 교류하고 있을 때 더욱더 명쾌한 답이 나타나기 때문이다. 빛[viii]의 결정結晶이 새겨지지 않은 외형만 비슷한 단순 복제물은 전류가 흐르지 않는 안테나, 배터리가 없는 휴대폰과 같아 올바른 답을 구할 수 없다.

⑤ 한역팔목은 '소장자(주인)'를 감지하는 고도의 센서 기능을 잠재하고 있어 한 사람이 개인의 한역팔목과 깊은 교감을 하며 사용하여야 한다. 이를 타인에게 빌려주거나 만져보게 하면 그 고유의 기능이 삭감되거나 상실될 수도 있으므로 유의해야 한다.

진품과 모조품의 차이

이처럼 엄정한 절차와 과정을 거쳐 한역팔목을 세상에 내놓는 이유는 한역팔목의 효력이 단순히 외형물이 아니라 그 안에 봉입된 빛^{viit}, 인위적으로 아무나 흉내 내거나 모방할 수 없는 우주 원천의 힘을 통해 발현되기 때문이다. 그래서 한역삼목과 팔목은 단순히 구입해서 사용하는 점술도구가 아니므로 일정기간 동안 교육(한역아카데미)을 통해 이용 가능하다.

사실 팔목八目은 말 그대로 여덟 개의 목目(숫자가 새겨진 막대)만 준비하면 쉽게 만들 수 있다. 굳이 좋은 소재가 아니더라도 막대나 볼펜, 동전 등 주위에서 손쉽게 구할 수 있는 물품들을 활용해 동일한 크기로 여덟 개를 준비한 후 1에서 8까지 번호만 매기면 된다.

하지만 그렇게 만들어진 팔목은 한역팔목과는 달리 적중률이 떨어질 수밖에 없다. 한역팔목의 경우 우주의 결정인 빛^{viit}이 고도의 센서 작용으로 우리 내면의 빛마음과 교감해 가장 정확한 답을 구할 수 있도록 도와주는데, 겉모양만 흉내 낸 것에는 '빛^{viit}'이 빠져 있기 때문이다.

이러한 한역팔목의 원리는 이미 여러 다른 경우에서 확인된 바 있다. 생수에 빛^{viit}을 봉입하면 인체에 놀라운 영향을 주는 광력수光力水로 바뀐다. 전자파가 90% 정도 차단되는 물질에 빛^{viit}을 봉입하면 거의 완벽에 가까운 99.9% 전자파 차단 및 흡수율을 보인다. 그뿐만 아니라 압봉에 빛^{viit}을 봉입하면 그 효과가 몇 배는 향상된 빛패치가 된다.

그저 단순히 삼각형 문양이나 오행 마크 등의 스티커를 부착한 압봉 등 어떤 칩에서도 20% 미만의 유해파(전자파, 수맥파 등) 흡수율과 원적외선 방출을 보이지만, 거기에 빛^{viit} 또는 초광력을 봉입하거나

한역팔목은 실용신안과 서비스표 및 상표등록되어 있음은 물론 기술평가결정서를 획득함으로써 그 고유한 특징과 기능이 법적으로 입증 및 보호되고 있다.

교류시키면 유해파는 90% 이상의 흡수 및 차단율을 보였고 인체에 이로운 원적외선이 88% 이상 방출되는 결과가 나타난다.[*]

　이처럼 여러 경우에서 우주 근원에서 오는 빛[viit]을 통해 기존의 한계를 넘어 더 나은 효과와 발전을 경험하는 것을 공통적으로 보게 되는데, 한역팔목과 그것을 흉내 낸 모조품은 이와 같은 맥락에서 큰 차이점을 보인다. 모방품은 점술 도구 중의 하나일 뿐이다. 정확한 빛의사결정을 하고 싶다면 반드시 빛[viit]이 교류되는 빛[viit]의 결정結晶이 새겨진 정품을 사용해야 한다.

---

[*] 이에 관련된 구체적이고 생생한 체험 사례들은 www.viitcafe.com에서 확인할 수 있다.

한역삼목韓易三目의 비법

번호	핵심	참고사항
1 .	긍정	된다, 시작, 가능, 진행, 얻는다, 확장, 길, 순탄, 매매, 이익, 화합, 성사, 순산, 진학, 승진, 소식, 화해, 합격, 당선, 성공, 변동수
2 ..	부정	안된다, 어렵다, 불길, 조심, 위험, 손해, 관재, 이별, 난산, 중단, 송사, 안온다, 주색경계, 현직고수, 겸손하라, 패배, 외출삼가, 여행삼가, 탑승삼가, 피하라, 덕행하라
3 ...	검토	원점에서 재검토, 침착, 평범, 조심하면 넘긴다, 시일요구, 무해무득, 곤란하다, 사전예방, 보통, 길흉반, 현상유지, 화해하라, 늦다, 양보, 대기상태, 이익없다, 노력, 어려운 상대(경쟁자)

추가 응용 비법

한역삼목은 위의 정해진 비법을 벗어나 필요에 따라 3개의 선택 범위를 응용할 수 있는 장점이 있다. 예를 들면, 직원 임용을 위한 인사 人事에서 세 사람 중 한 사람을 뽑아야 할 경우 각 삼목을 지정하여 한 사람을 뽑을 수 있는 것이다. 마찬가지로 세 곳의 거래처와 계약을 할 경우, 세 가지 사업 중 하나를 선택해야 할 경우 각 삼목을 지정하여 한 가지를 뽑는 등 여러 가지 응용이 가능하다. 위의 비법에서는 긍정과 부정, 보류라는 세 가지 항목으로 간단히 선택할 수 있다면 추가 응용 비법은 오링테스트 등 보다 광범위하게 최적의 의사결정을 할 수 있다는 뜻이다.

오행의 기운이 담긴 한역삼목

본 한역삼목은 일상생활에서의 최상의 의사결정을 돕는 도구이면서 맞춤오행의 기운이 담겨 있다. 소지한 사람의 타고난 운기, 부족한 운기를 채워주는 '오행센서칩'은 특별한 행운을 불러올 수 있다. 최상의 선택과 오행의 기운이 담겨 있기에 한역삼목과 팔목을 이용하는 분들은 진정한 리더의 자격을 갖출 수 있게 된다.

주의사항

1. 삼목三目은 남녀노소 누구나가 일상생활에서 쉽고 간편하게 사용
하여 한치 앞을 못 보는 궁금증과 답답함을 풀어 나가는 데 참고
가 되고자 하는 것이다. 즉 8개의 팔목八目 중 .1목, ..2목, ...3목 3
개만 뽑아 간단히 예지해보고 참고하면 된다.

2. 삼목을 뽑기 전이나 뽑을 경우 진심을 가지고 해야 한다.

3. 삼목으로 인해 나온 결과가 '선'이 아닐 때나, 후일 좋지 않은 결과
를 초래할 경우에는 오히려 부정적인 답이 좋은 결과가 될 수도 있
다.

4. 보다 명쾌한 해답을 얻기 위해 자기가 원하는 쪽으로 해답을 미리
생각해서는 안 된다. 즉 자기의 염원이나 잡념이 들어가서는 명확
한 답을 얻을 수가 없다. 5~10분간의 침묵이나 고요히 명상, 빛명
상하고 부족하면 20~30분을 기다려서라도 마음을 안정시키고 무
념무상의 순수한 상태에서, 손이 아니라 마음으로 삼목을 뽑아야
한다. 모든 것은 자신의 마음 안에 있다. 다만 그 마음이 삼목을
통하여 안내하고 이끌어 주는 역할을 하는 것이다.

5. 남자는 왼손, 여자는 오른손으로 눈을 감고 고요한 마음 상태에
서 하나를 뽑아 보면 된다.

6. 2목이나 3목이 나왔다고 화를 내거나 다시 뽑으면, 아무런 의미가 없으며 향후 적중성이 낮아지거나 떨어지게 된다. 의심이나 부정적인 마음이 삼목과 연결되면 무의미해짐을 명심하여야 한다.

7. 정기적으로 어려운 곳에 성금이나 도움을 주면 보다 명쾌한 답을 얻을 수 있다. 그만큼 마음이 맑아지도록 우주마음이 돕기 때문이다.

『한역팔목』은 선택의 기로에서 유용한 핵심도구

천지세무법인 회장 **박점식**

'한역'이란 중국의 주역이 아닌 배달민족으로서 우리 '한민족의 역'이라는 의미로, 역의 뿌리를 한국으로 재정립한 의도가 담겨 있다고 합니다. 지금까지 중국의 것으로 알고 있던 주역이 원뿌리는 우리의 조상인 태호복희씨가 전해준 것이라는 사실이 놀라움과 자부심을 갖게 하였습니다.

도경이 남기신 책과 그 분이 들려주신 이야기, 역사자료 등을 바탕으로 우리의 한역을 펼치고 여기에 우주마음의 느낌을 받아 '한역팔목'을 편찬하고, 누구나 간편하게 이용할 수 있도록 한역팔목과 삼목을 만들어 발명특허까지 받았다는 사실에도 경의를 표합니다.

우리는 살아가면서 수많은 선택의 기로에 놓이게 되고 이러한 선택들이 모여서 미래를 만들어 갑니다. 한역팔목과 삼목은 이런 선택의 기로에 설 때마다 유용한 핵심도구로 이용할 수 있을 것입니다. 더구나 그 원리의 핵심이 '빛^{viit}' 이고 빛명상과 함께 목을 뽑기를 권하고 있기 때문에 최상의 답을 얻을 수 있을 것입니다.

저는 개인적으로 지속성과 진정성이 핵심인 감사쓰기를 실천해 오면서 감사의 체질화가 사람을 얼마나 행복하게 변화시켜 주는지 알아가고 있던 중에 학회장님을 만나는 행운을 얻었습니다. 학회장님을 통해 우주 근원에 대한 감사 등을 알게 되었고 우주 근원의 에너지인 빛^{viit}을 통한 치유의 기적까지 경험하였기에 이 책에서 말씀하시는 의미가 절절하게 다가왔습니다.

미래예지도구 한역팔목은 대한민국의 자부심이다

인류의 밝은 미래, 행복한 지구를 위한
우주 비밀의 열쇠를 품고 있어
세계 4대 발명품이 될 '한역팔목' 관련 문의는
_____로 전화주시기 바랍니다.

한역사韓易師 : _____

대표전화
• 서울 02) 2051-2288
• 부산 051) 740-5122
• 대구 053) 984-2819

한역 홈페이지 www.hanyeok.com
빛명상 홈페이지 www.viit.co.kr

도서출판 로대가 전하는
빛^{viit}이야기 시리즈

빛으로 오는 우주의 힘, 초광력 (1996.7.10.)

이 책은 그냥 책이 아니다. 살아서 숨쉬는 책이다. 우주의 힘 초광력을 봉입했기 때문이다. 그러므로 이 책은 책이면서 또한 당신과 당신의 가족을 지켜주는 초자연적인 에너지가 함께 하고 있다. 저자가 처음 세상에 내놓은 우주마음의 뜻을 담은 책으로 초판 3,000부가 출간 동시에 매진되었다.

초광력, 빛으로 오는 우주의 힘 (1999.3.8.)

초광력을 받은 사람의 손에 빛분이 생기는 것은 저자가 초광력이라는 기氣의 결정체로 만들 수 있는 능력을 지니고 있기 때문이다. 이 책은 신비로운 초광력의 세계를 구체적으로 보여준다.

행복을 주는 남자 (2002.6.20.)

'초광력'은 빛으로 오는 우주의 신비한 힘, 즉 빛과 에너지를 발산하는 대우주 원리로부터 오는 무차원의 힘이다. 초광력을 받고 나면 우리의 몸과 마음에 나타난 결함이나 상처가 원상회복되거나 치유되는 결과를 얻게 된다.

빛명상, 눈덩이처럼 불어나는 행복순환의 법칙 (2009.9.14.)

눈덩이처럼 불어나는 행복, 해법은 빛^{viit}이다. 부, 명예, 성공, 건강, 임신, 위기예방, 총명 등 누구나 살면서 마주하게 되는 삶의 10가지 분야에서 빛^{viit}을 통해 경험한 행복과 풍요로움을 소개하고 있다. 이어령 초대문화부장관, 이기수 양형위원회 위원장, 강석진 한국전문경영인학회 이사장이 적극 추천하는 현대인들의 진정한 행복을 위한 필독서

행복을 나눠주는 남자 (1996.11.25.)

1999년 당시 세간을 떠들썩하게 한 종말론을 잠재운 화제의 책! 이 책에는 우리의 고향, 왔던 곳으로 되돌아가게 해주는 우주 최후의 배려가 담겨 있다.

행복을 찾는 사람들에게 (2000.7.7.)

문화를 넘어서는 또 다른 힘, 오염이 안된 가장 순수한 힘, 초과학적이자 초자연적인 힘인 초광력은 우리 사회가 맑아지고 밝아지도록 변화시키는데 큰 역할을 할 것이다.

물음표 (2005.7.5.)

우주의 '빛^{viit}'은 우주 그 자체, 선악, 미추美醜의 구분이 있기 이전인 태초의 에너지 그 자체이기에 이 "?"의 자리에는 당신이 원하는 그 어떤 이름을 붙여도 좋으며, 관념과 사고의 한계에 구속되지 않는다.

행복을 나눠주는 남자 (개정판) (2009.11.30.)

12년 만에 돌아온 화제의 베스트셀러, 독자들의 환호 속에 전 세계 4개국어로 번역, 발간. 한계와 어려움을 뛰어 넘어 진정한 행복을 되찾아 동화 속 주인공이 된 사람들의 신비로운 감동실화

향기와 빛명상이 있는
그림첫방 (2011.9.26.)

2011년 서울국제도서전에서 독자들이 만나고 싶은 작가로 선정된 정광호 작가의 글과 담원 김창배 화백의 차茶화 그리고 빛명상이 함께하는 삼색삼미三色三美의 섭법攝法이 담긴 책

향기와 빛명상이 있는
그림첫방 특별판 (2014.5.28.)

소장용 대형판으로 출간되어 글과 그림을 더욱 깊이 있게 음미할 수 있는 시간을 가질 수 있다.

행복마에스트로 1, 2, 3 (2012.5.18.)

행복 마에스트로 정광호가 전하는 빛viit의 파노라마! 김수환 추기경도 놀란 빛viit의 기적. 만화로 쉽고 재밌게 만나는 빛이야기 시리즈

해독제 (2012.7.7.)

스트레스, 불안, 우울증에서 벗어나 건강과 행복이 충만한 삶으로 전환하라! 누구나 쉽게 따라하고 행할 수 있는 빛명상 실천 프로젝트를 통해 하루하루 변화하는 자신의 모습을 점검해가는 빛명상 실천을 위한 지침서

〈해외발간〉

행복을 나눠주는 남자
(일본어판) (2004.5.15.)

초판 3,000부가 출간 즉시 매진

행복을 나눠주는 남자
(브라질판) (2007.10.16.)

초판 2,000부가 출간 즉시 매진

행복을 나눠주는 남자
(영문판) (2008.3.12.)

출간 즉시 아마존 베스트셀러에 오른 '행복을 나눠주는 남자'의 영문판

〈소책자〉

이 책에 실린 사례들이 누군가의 막연한 이야기, 어떤 특정한 소수 사람들의 경험, 혹은 나와는 무관한 일들 정도로 그치는 것이 아닌, 이 책을 읽는 모든 사람들에게 삶의 나락과 고통 속에서도 변화와 행복에 대한 가능성을 전해주는 희망의 이야기가 되기를 바래본다. 보다 많은 분들의 심신정화와 행복을 위해 회원들의 체험사례와 정성으로 만들어진 무상 공급된 소책자이다

행복예보 생활한역

초판 1쇄 발행 | 2015년 3월 12일
초판 2쇄 발행 | 2015년 5월 12일

지은이 | 정광호
펴낸이 | 정혜주
펴낸곳 | 로대

출판등록 | 제 2009-000204호
주소 | 서울시 용산구 한남대로 20길 21-14 3층
전화 | 02-523-3183
팩스 | 02-587-8288
이메일 | lodaebook@naver.com
디자인 | 씨오디 Color of Dream

글 ⓒ 정광호, 2015

ISBN 978-89-98874-05-6 (03300)